¡Vamos!

¡Vamos!

De 100 a 1.000 millones en 10 años

ENRIQUE TOMÁS

EDICIONES DEUSTO

© Enrique Tomás, 2024

© del prólogo: David Bisbal, 2024
© del prólogo: Susanna Griso, 2024

© Centro de Libros PAPF, SLU., 2024
Deusto es un sello editorial de Centro de Libros PAPF, SLU.
Av. Diagonal, 662-664
08034 Barcelona
www.planetadelibros.com

Diseño de la colección: Sylvia Sans Bassat

Primera edición: marzo de 2024
Segunda edición: marzo de 2024
Depósito legal: B. 1.636-2024
ISBN: 978-84-234-3691-0
Composición: Realización Planeta
Impresión y encuadernación: CPI Black Print
Printed in Spain - Impreso en España

PEFC Certificado

Este libro procede de bosques gestionados de forma sostenible

PEFC

PEFC/14-38-00305   www.pefc.es

Sumario

PRIMERA PARTE
De crac...

SEGUNDA PARTE
... a *crack*

Prólogo

Hoy quiero dedicarte unas palabras que, espero, permanezcan en tu memoria y sirvan como homenaje a tus incansables trabajo y dedicación. Tu nuevo libro es el reflejo de una vida dedicada al mundo del jamón, una vida llena de esfuerzo, pasión y un amor incondicional por tu oficio.

Desde que eras un niño, has demostrado una determinación y un empuje que son verdaderamente admirables. Pero, lo más notable de todo, es tu habilidad para rodearte del amor y el apoyo de tu familia. Éste es, en mi opinión, el verdadero valor de Enrique Tomás.

Tu libro es más que el simple relato de tu trayectoria profesional. Es la historia de un hombre que, con humildad y perseverancia, ha logrado alcanzar sus sueños. Es la historia de un hombre que, a pesar de los obstáculos y desafíos, nunca ha dejado de creer en sí mismo y en su capacidad para triunfar.

Estoy convencido de que tus lectores encontrarán en sus páginas una fuente de inspiración y un motivo para no dejar de perseguir sus propias metas. Y estoy seguro de que, al igual que yo, se sentirán agradecidos por tener la oportunidad de aprender de tus experiencias y de tu sabiduría.

Enrique, te agradezco de todo corazón el compartir tu historia con nosotros y te deseo todo el éxito del mundo con tu nuevo libro. Me ha encantado leerlo y estoy seguro de que será un verdadero éxito.

Con todo mi cariño,

DAVID BISBAL

Prólogo

Érase un hombre pegado a un gresite de piscina. El motivo de tal rareza dejo que lo desvele él, no tardará en hacerlo porque esa pequeña piedra es su código QR, nada lo define mejor.

Enrique Tomás es un emprendedor nato, un iniciador de manual. Son especímenes extraños, los trato con la curiosidad de la entomóloga que saca la lupa para observar una mariposa exótica. Si algo define a esta especie es la pasión. Cuando están en modo creativo —que es casi siempre—, exportan un entusiasmo contagioso. Nada los frena. Prueba a decirles «esto no se puede hacer» para comprobar la magnitud de su determinación. Sólo esa fe les permite empaquetar sus sueños a lo grande y ponerlos en circulación en lo peor de una crisis, justo cuando los demás mortales nos replegamos. A veces me pregunto si ellos, los de su especie, comparten nuestro código genético. ¿Quién, con doce años, se hace cargo de la tienda de sus padres y con dieciséis monta su propia charcutería? ¿Conoces a alguien que en su sano juicio decida, en plena pandemia, apostar por vender jamones en los aeropuertos?

Sin embargo, los dioses del Olimpo también se equivocan. De hecho, cuanto más dioses se creen, más errores cometen.

Del mundo de la empresa sé más bien poco, pero si el ego fuese una carrera universitaria podría licenciarme *cum laude*. En mi profesión el ego es imprescindible, nadie se sienta a pontificar frente a cinco cámaras si no lo tiene mínimamente alimentado. La vanidad, en televisión, se sirve en grandes dosis en esas tazas de café que beben los presentadores y los contertulios. Es un carburante imprescindible pero también el más tóxico. Si no consigues embridar el ego, te conviertes en una *vedette* que sólo pregunta para escuchar la cadencia de su propia voz.

Enrique Tomás tiene su propio antígeno para el veneno de la vanidad. Sabe que la suya es una carrera de prueba-error. Y se repite, como un mantra, que vence quien tiene más resistencia, no necesariamente el más listo. Como escribe él mismo, y creo que es uno de los propósitos de este libro, igual que ha acertado, podría haber fallado. La suya es una historia de éxito jalonada de pequeños fracasos, grandes dosis de imaginación y muchas horas de trabajo.

Prepárate para conocer al Steve Jobs del jamón. Su taller fue la tocinería del barrio de La Salut de Badalona, donde se hizo un máster para no defraudar a esas clientas que hacían un esfuerzo económico para llevarse cien gramos de jamón a casa. Ahí se forjó el respeto por el producto, que es la piedra filosofal de su marca, la que avala con su propio nombre.

Nadie sabe más de jamones. Sólo él podría construir un imperio. Revísale los bolsillos. Y entenderás por qué.

Susanna Griso

Introducción

Me siento un hombre muy afortunado. Mucho, muchísimo. Tengo una familia maravillosa y una empresa que es el sueño de mi vida. Aun así, hay días en los que, por lo que sea, se me olvida lo afortunado que soy. Me levanto y sin que pase nada especial estoy de mal humor, lo veo todo negro y a poco que me descuide le puedo dar el día a alguien a mi alrededor. Por eso llevo siempre conmigo una piedra en el bolsillo. Cuando siento que los problemas me enturbian, meto la mano, la toco y vuelvo a tomar conciencia de lo afortunado que soy. Y entonces, aunque haya problemas o dificultades, los nubarrones desaparecen.

Esa piedra, que yo llamo «del agradecimiento», ha ido cambiando de forma a lo largo del tiempo. Primero era, literalmente hablando, una piedra, pero llevarla en el bolsillo del pantalón era a veces molesto, por su forma y por lo que abultaba. Ahora llevo un gresite de piscina, que tiene la ventaja de ser plano y muy ligero. También, por otra parte, es frágil y a veces se rompe, pero eso es bueno, porque me recuerda que la estabilidad es igualmente frágil y hay que cuidarla.

Es increíble que algo que pesa tan poco pueda ser un ancla tan potente, un recordatorio infalible que me devuelve a mi lugar cuando se me va la cabeza en lamentaciones. Además, al ser tan ligero puedo llevar más de uno, lo que me permite a veces hacerle un regalo a un amigo o a alguien a quien creo que le puede ser útil y lo puede apreciar. Es un regalo simbólico, claro, sin ningún interés como objeto en sí mismo, pero para mí tiene más valor que un diamante, pues me recuerda que ya tengo un tesoro en casa y que debo valorarlo.

Este tesoro no me ha caído del cielo. Ha sido complicado llegar hasta este momento en el que puedo decir sin ninguna vergüenza que me considero un hombre afortunado y feliz. Ha sido necesario superar mil y un problemas y varias crisis económicas mundiales, la última de ellas la pandemia de la COVID-19. Después de cuarenta años tirando del carro y haciendo crecer mi empresa contra viento y marea, en esta última gran crisis hubo momentos en que realmente pensé que había llegado el fin, que tenía que bajar la persiana y enviar a su casa a cientos de trabajadores, algunos de los cuales llevaban décadas conmigo. Hubo momentos, especialmente en 2020, pero también en 2021, en que los números se tiñeron de rojo y la amenaza del cierre fue algo palpable.

A lo largo de mi vida y de mi trayectoria como empresario he vivido unos cuantos de esos momentos difíciles, como te explicaré más adelante, pero sin duda éste fue el más duro. Estuvimos a muy poco de hundirnos, de hacer «crac», y si no sucedió fue gracias principalmente a dos factores. El primero de ellos, sin duda, fue la entrega de las personas que formaban parte de la empresa en aquel momento. Nunca podré agradecerles lo suficiente su dedicación en los momentos difíciles, su fe en mí y en el proyecto. El segundo, aunque a algunos les parezca raro que lo confiese, fue la suerte. Sí, porque la suerte también influye, y a veces mucho, en lo que nos sucede en la vida. Como verás a lo largo del libro, ser empresario significa, entre otras cosas, tomar decisiones a ciegas, hacer apuestas a cara o cruz, porque nadie sabe lo que nos depara el futuro. Esas decisiones, al final, se revelan como aciertos o errores, pero en el momento de tomarlas no hay manera de saber de qué lado caerá la moneda. Porque es, efectivamente, como lanzar una moneda al aire. Y no eres más listo si sale cara ni más tonto si sale cruz.

Creo que ya es hora de que alguien reconozca que nuestro mérito como empresarios es tomar decisiones, pero que no siempre acertamos. Al contrario, nos equivocamos muchísimas veces. Y el que diga lo contrario miente. Y quiero decirlo alto y claro, porque durante la pandemia muchas empresas y muchos empresarios corrieron una suerte diferente a la mía y tuvieron que cerrar sus negocios. Y yo no soy mejor que ellos, simplemente hice una apuesta y fui a muerte con ella. Porque, y eso también hay que decirlo, cuando tomas una decisión no puedes dudar: tienes que ir hasta el final.

Ser empresario, por tanto, es tomar decisiones. Y creer en tu proyecto, entregarte a él y trabajar las horas que sean necesarias, día y noche. Si algún mérito se me puede atri-

buir es que llevo cuarenta años, desde los dieciséis, trabajando en mi proyecto, sacando adelante un negocio y haciéndolo crecer a base de mucho esfuerzo. Incluso a día de
hoy, si alguien me preguntara cuál es mi horario de trabajo,
le contestaría sin dudarlo: «No tengo horario, porque trabajo todos los días, todas las horas y todos los minutos. Incluso cuando no lo parece, estoy trabajando».

Junto con el pequeño gresite llevo también otro objeto a
modo de ancla en el bolsillo —o a veces en una pequeña
bolsita en la chaqueta o en la mochila—. Se trata de una
bala que simboliza la muerte del ego —en realidad, llevo
más objetos-ancla, pero eso te lo explicaré más adelante—.
Nuestro ego es nuestro peor enemigo, como personas y
como empresarios. Es un obstáculo para nuestra felicidad,
porque siempre está exigiendo más y más, y porque se cree
que es alguien y se vuelve vanidoso y te aleja de los demás.
La bala me recuerda, cuando la toco, que no debo hacerle
caso al ego, que no soy tan importante, que las cosas a veces
salen bien y a veces mal, y que no soy un genio cuando salen
bien ni un idiota cuando salen mal.

El libro que tienes entre las manos no es, por tanto, una
historia al servicio de mi ego. Su mensaje no es: «Mira qué
bueno soy y qué bien lo he hecho». No. Lo que pretende es
explicar una historia, la mía y la de la empresa que lleva mi
nombre, para que sirva a otras personas en sus proyectos de
vida o de empresa. En realidad, lo empecé con la idea de
imprimir unos pocos ejemplares y regalárselos a mis nietos
para que algún día, cuando yo ya no esté o me falle la memoria, sepan de dónde vienen y quién fue su abuelo, pero al
final algunas personas me convencieron de que podía tener

interés para un público más amplio y decidí publicarlo. No me gustaría que vieras en él un alarde de ego, ésa no es la intención, ni mucho menos.

La historia de este libro arranca en realidad en 2015, cuando la San Telmo Business School, donde aquel año cursé el programa de Alta Dirección de Empresas de la Cadena Alimentaria (ADECA), me pidió que escribiera el caso de la empresa Enrique Tomás. En aquel entonces consideré que no era todavía el momento, pues, aunque estábamos creciendo, las cifras de facturación estaban todavía muy lejos de mis previsiones. En 2022 volví a cursar el programa ADECA y me insistieron. Ahí pensé que sí tenía ya algo importante que explicar, especialmente el proceso de cómo habíamos pasado, durante la pandemia, de estar a punto de cerrar a salir potenciados y con grandes proyectos por delante. Pensé que podía ser útil contar en detalle cómo pasé de estar a un paso del crac a que algunas personas me llamen ahora *crack*. Me parecía que podía ser interesante explicar qué decisiones habíamos tomado y cómo habíamos resistido a la crisis. Porque realmente la pandemia fue la crisis más fuerte que hemos tenido en España y en el mundo entero hasta ahora.

A los de San Telmo les pareció buena idea. Y, dándole vueltas, aquella propuesta se mezcló un buen día con los apuntes sobre mi vida que había empezado a tomar para mis nietos. Entonces surgió la idea de juntar ambas cosas: la historia de la empresa y la del empresario. Pasado, presente y futuro mezclados en un solo documento testimonial que tuviera la vocación de ayudar, mediante mis vivencias, a cualquier persona, especialmente del mundo de la empresa. Ayudarla a ser valiente, a esforzarse y a no torturarse cuando las cosas no salen bien. Porque uno hace su apuesta con las cartas que tiene en cada momento, pero después la vida decide soberanamente hacia dónde te lleva. Como siempre digo, es muy fácil hacer la quiniela el lunes, lo difícil es hacerla el viernes. O, dicho de otra forma, es muy fácil dárselas de sabio a toro pasado. Pero ni uno es tan sabio cuando acierta ni tan ignorante cuando falla.

El resultado de unir el caso Enrique Tomás con mi propia historia como persona y empresario es lo que leerás a continuación. Juzga tú si realmente tiene interés o utilidad en tu caso. Ojalá te aporte, al menos, algún motivo de reflexión o alguna idea útil para alcanzar tu propio éxito en la vida.

Afortunadamente —y escribo esto mientras siento el gresite en el bolsillo—, sobrevivimos a aquellos años críticos de la pandemia y ahora estamos de nuevo en la senda de un crecimiento casi exponencial. Hemos retomado todos los planes anteriores y hemos añadido algunos más. Estamos, sin duda, en el mejor momento de la historia de Enrique Tomás. La proyección y el potencial de la empresa son ahora mayores que nunca. No olvido, sin embargo, lo que ha costado llegar hasta aquí. Por eso, ésta no es sólo una historia de éxito. Es también una historia para recordarnos que el éxito y el fracaso están separados por una línea muy fina y que el valor consiste en seguir adelante aun sabiendo que la puedes atravesar en cualquier momento.

Quizás sea el mejor momento para decir que el éxito de un emprendedor... es seguir en el camino y disfrutar de él lo máximo posible.

Primera parte

De crac...

1

Marzo, 2020

No podía imaginar, ni de lejos, la que se nos venía encima. A todos: a mi familia, a mi gente, a mi país y al mundo entero. Estábamos a punto de entrar en una pesadilla y ni siquiera sospechábamos cómo iban a cambiar nuestras vidas.

Aquel mes de marzo de 2020 me pilló en pleno frenesí de actividad, viajando sin parar de una punta a la otra del mundo. La compañía estaba en plena expansión, tanto en España como a nivel internacional, y era consciente de que debía aprovechar la oportunidad. Tenía una visión para mi empresa muy clara y un plan muy ambicioso, y estaba decidido a hacerlos realidad.

En febrero había viajado con Eli, mi mujer, a Japón, donde fui a conocer a un operador local interesado en adquirir nuestro máster y abrir varios locales con nuestra marca en su país. Como es lógico, antes de tomar una decisión quería conocerlo y verlo en su entorno. Soy muy de intuiciones, de mirar a la cara a la gente y ver si son de fiar o no. Puedo equivocarme, pero la mayoría de las veces acierto.

Por su parte, Eli quería informarse sobre nuevas líneas de tratamientos faciales, un campo en el que Japón es una potencia mundial. Estaba estudiando cómo ampliar su negocio de estética e internacionalizarlo. Estábamos los dos en plena expansión y con proyectos de crecimiento para nuestros negocios. Era un momento de mucho trabajo, pero también de aspiraciones, de sueños, de ganas de crecer.

Durante el viaje a Japón vimos gente con mascarilla por las calles, en las tiendas, en el aeropuerto, etcétera, pero no hicimos mucho caso, ya que hacía tiempo que veíamos esas imágenes en los medios de comunicación. Los asiáticos, a diferencia del resto del mundo, tenían ya la costumbre de llevar mascarilla a menudo para no contagiar, contagiarse o sufrir los efectos negativos de la contaminación. Es cierto que en aquel momento ya se hablaba de un nuevo virus que parecía peligroso, pero era algo todavía lejano, que no iba con nosotros, algo que sólo afectaba a algunas ciudades chinas, ni siquiera a las más conocidas. En Japón no vimos ninguna señal de alarma, así que hicimos vida normal. Trabajábamos durante el día, cada uno en sus temas, y nos encontrábamos por la noche para cenar juntos.

Así discurrió aquel viaje, con aparente normalidad.

Poco después, a principios de marzo, viajé a Estados Unidos con mi hijo Albert para inaugurar un restaurante en Dallas con la enseña Enrique Tomás y validar unos locales en Miami, donde planeábamos abrir otro restaurante con nuestros socios de allí. Antes del vuelo ya habíamos escuchado la noticia de los primeros contagios en Italia, pero todavía no había ningún tipo de restricción, ni siquiera se nos pasaba por la cabeza que pudiera haberla.

Las primeras señales de alarma nos llegaron el lunes 9 de marzo. No se me olvidará en la vida lo que pasó ese día. Estábamos alojados en Houston, en casa de nuestros socios, desde donde teníamos previsto ir a Dallas para inaugurar el nuevo restaurante (las dos ciudades están en el estado de Texas, separadas por una distancia de hora y media, más o menos). Si no contábamos el de Puerto Rico, aquél era nuestro primer restaurante en Estados Unidos, así que estaba emocionado.

Nos levantamos, miré el WhatsApp y leí una buena noticia: se había vendido a buen precio una furgoneta-oficina que tenía a la venta en Barcelona y de la que quería deshacerme porque no la usaba, y porque tenerla parada me suponía un gasto. Animado, desayuné y me conecté al servidor de mi empresa para echarles un vistazo a las ventas, algo que hago al menos una vez por semana. En un Excel tengo resumidos los principales indicadores de la marcha de la empresa, entre ellos el que más me importa: el crecimiento orgánico, es decir, la comparativa de las ventas de esa semana con la misma semana del año anterior. Así, de una ojeada y en un solo documento tengo una especie de cuadro de mandos y puedo ver cómo vamos.

Fue entonces cuando me di cuenta de que algo grave estaba pasando: el Excel, habitualmente en verde, ¡se había teñido completamente de rojo! En prácticamente todas nuestras tiendas, la semana anterior había sido desastrosa, se había vendido menos que un año antes. Algo completamente insólito, porque llevaba mucho tiempo creciendo sin parar de un año a otro. ¿Qué estaba pasando?

Lo primero que pensé es que era un error. Pero hablé con

mi gente de Badalona y me dijeron que no, que las cifras eran aquéllas. Entonces empecé realmente a preocuparme. A mi inquietud contribuyeron las primeras noticias que hablaban de que los gobiernos de muchos países, entre ellos España, estaban estudiando tomar medidas radicales para evitar contagios, como el cierre de fronteras. Mi preocupación no era sólo porque mi hijo Albert y yo estábamos en Estados Unidos y no sabíamos si íbamos a poder volver a España, sino porque la limitación de movimientos entre países o dentro del país podía afectar gravemente a nuestro negocio.

A eso había que añadir otro tema: como tenía previsto crecer mucho en los siguientes años, acababa de hacer la compra más grande de jamones de toda la historia de mi empresa. Con mi jefe de Compras, Mati, habíamos decidido comprar como nunca antes.

¿Por qué justo en aquel momento del año? Pues porque a principios de marzo es cuando termina la montanera y se cierra la venta de los jamones ibéricos de bellota. A partir de esa fecha —más o menos, porque el cambio climático también está modificando esto—, ya no quedan bellotas y los cerdos que no hayan engordado al menos el 50 por ciento de su peso en libertad no se consideran de bellota. Ese momento es clave para hacerse con el mayor número posible de jamones de gran calidad, esos que, cuando estén curados, se podrán vender como jamón ibérico de bellota.

Explicado de forma sencilla: los jamones que vendo hoy los compré hace tres años, y los que venderé dentro de tres años los tengo que comprar hoy. Como había previsto crecer mucho en los años siguientes, en aquel momento tenía que hacerme con el mayor número posible de jamones para asegurarme de que tendría producto suficiente para afrontar el crecimiento.

El caso es que acababa de comprometerme con más de un centenar de ganaderos y curadores a una compra como nunca antes había hecho. Algunos de mi equipo directivo incluso se asustaron un poco, pensaron que se me había ido la cabeza, pero les dije que lo tenía todo controlado. Y era cierto, pues llevo muchos años en el negocio y sé lo que hay que hacer. Pero, por supuesto, lo que no tenía controlado era la posibilidad de que apareciera una pandemia mundial y de que los gobiernos de la mayor parte de los países del mundo nos confinaran en nuestras casas.

El 10 de marzo viajamos a Miami. Estábamos muy atentos a las noticias, sobre todo a las que llegaban de España. Le pregunté a Albert, que estaba en contacto permanente con su mujer Amanda, cómo lo veía: «Papá, esto es algo gordo», me dijo. Mis socios le quitaban importancia. Cuando visitamos el local de Miami donde estábamos pensando abrir el restaurante, se dieron cuenta de mis dudas y me insistieron para que siguiéramos adelante con el proyecto. «Miami es la llave de Estados Unidos y de Suramérica», me dijeron. El alquiler del local era muy alto y la situación era de mucha incertidumbre, pero nunca me he echado atrás cuando se trata de cumplir mis sueños, sobre todo el de poner nombre al jamón en el mundo. Así que tomé la decisión de seguir. «Pues nada, vamos, vamos», les dije.

Sólo cuatro días después, el 14 de marzo a las ocho de la tarde, Pedro Sánchez comunicó a todos los españoles que su gobierno había decretado un confinamiento domiciliario sin precedentes de dos semanas para evitar en lo posible la expansión de aquel virus tan contagioso cuyo nombre ya empezaba a resultarnos familiar: coronavirus COVID-19.

Ahí se para todo. Se para España y se para el mundo. El martes siguiente tenía previsto un viaje con Lluís Prats para impulsar un proyecto que se llama «Glamurós, el mejor jamón del mundo». El domingo 15 lo llamé y le pregunté: «Pero ¿vamos o no vamos?». Teníamos los billetes y todo preparado. Era tal la incredulidad ante la situación que todavía dudábamos sobre qué hacer. Al final decidimos no ir, claro.

Al día siguiente, lunes 16, organicé el primer gabinete de crisis en la empresa. Optimista como soy, recuerdo que les dije: «Esto no puede durar más de dos semanas. España no se lo puede permitir». Ni qué decir tiene que no me voy a ganar la vida como pitoniso. Pero ni yo ni ninguno de los que estábamos en aquel gabinete. Y si alguien dice que se lo veía venir, miente.

Creamos, por tanto, aquel primer comité de crisis sin saber que estábamos enfrentándonos al período más incierto que habíamos vivido hasta entonces todas las generaciones que convivíamos en aquel momento. Mi primera acción fue tratar de tranquilizar al personal, cosa nada fácil, porque la mayoría estaba en sus casas y recibiendo informaciones apocalípticas por todas partes.

El inicio del confinamiento coincidió, además, con el traslado de nuestras instalaciones a una nueva sede en la que habíamos invertido varios millones de euros. No estaba lejos de la anterior, pues no quise irme de Badalona —aunque me ofrecieron terrenos en muchos otros sitios—. La cuestión es que justo entonces estábamos dejando las tres naves que teníamos alquiladas en la calle Occitània para irnos a un espacio más moderno y con muchos más metros cuadrados en Montigalà a fin de asumir el crecimiento tan grande que estábamos teniendo y que preveíamos tener en los siguientes años. Debíamos haber hecho el traslado antes, pero ya se sabe: las obras siempre se retrasan.

En previsión del cambio habíamos preparado sobres de jamón loncheado como locos en los meses anteriores, pues mientras trasladábamos la maquinaria y los jamones a la sede nueva no podríamos producir. De modo que nos juntamos con mucho producto al que, además, no podíamos dar salida porque las tiendas y los restaurantes estaban cerrados. Las únicas que se mantuvieron abiertas fueron las de las terminales T4 y T4S del aeropuerto de Madrid, como explicaré más adelante. Y menos mal, porque eso fue en parte lo que nos salvó. En este punto, no puedo por menos que acordarme de Pedro («Pedrito»), Marilyn y sus equipos. Yo los visualizaba cada noche con el *Resistiré*. La empresa tiene una deuda con ellos de por vida.

El caso es que teníamos la mayor producción de sobres de jamón loncheado de nuestra historia en los almacenes y no podíamos venderlos porque las tiendas estaban cerradas. Además, el retraso en las obras de la nueva sede, unido a la incertidumbre de la pandemia, hizo que se echaran atrás unos interesados en quedarse las naves antiguas, con lo que perdimos además el dinero que habíamos acordado para el traspaso. Y, para colmo, me había comprometido a comprar una cantidad insólita de jamón ibérico a más de un centenar de productores españoles, un compromiso del que no me podía desdecir. O sea, una situación de locos.

Sin saber muy bien qué hacer, decidí que al menos aprovecharía el tiempo para hacer el traslado a la nueva sede con todos los empleados disponibles. Como nuestra empresa pertenecía al sector de la alimentación, considerado de primera necesidad, al menos nos dejaban ir a trabajar. Pero como no había mucho que hacer, se daban situaciones surrealistas como tener a directivos con un sueldo de seis cifras descargando jamones de un camión y colgándolos en una nave. Al menos nos servía para mantenernos activos y ahuyentar los miedos de estar en casa dándole vueltas a la cabeza y sin saber qué iba a pasar.

Los únicos locales que se mantuvieron abiertos, aunque con miedo por parte de los empleados, fueron los dos del aeropuerto de Madrid. Por aquel entonces todavía había viajeros que regresaban a España o viajaban de vuelta a sus países, así que las autoridades nos permitieron abrir. Una anécdota: cuando ya pasó todo, la exministra y exvicepresidenta segunda del Congreso de los Diputados, Ana Pastor, me dijo un día: «En el Congreso de los Diputados sabíamos que el único lugar de Madrid donde podíamos comernos un bocadillo de jamón o tomar una cerveza era en tus locales en el aeropuerto». Algunos diputados tenían que viajar a Madrid para las comisiones especiales que se celebraban en aquella época y paraban a comer algo en nuestras barras, que eran prácticamente las únicas que permanecían abiertas.

Cuando pasaron los primeros catorce días del confinamiento, el gobierno lo amplió, como ya es sabido. A mi mujer, que tenía su centro de estética, le dejaron abrir porque se consideraba que los servicios que prestaba eran una actividad esencial. Pero de haber podido, se habría quedado en casa, porque después de unos años trabajando a tope para levantar su negocio, con mucho estrés y mucha dedicación, aquellas dos primeras semanas de confinamiento pudo bajar el ritmo y disfrutar de estar en casa con Eric, nuestro hijo, que en aquel momento tenía cuatro años. Recuerdo que lloró cuando la obligaron a cerrar y volvió a llorar cuando le dejaron abrir porque estaba más a gusto que nunca en casa. Para la convivencia familiar, aquél fue un momento muy bonito, seguramente la mejor etapa como pareja y como familia. Aunque yo trabajaba todos los días, no tenía viajes ni reuniones, así que volvía temprano a casa y pasábamos mucho tiempo juntos. Incluso iba a comer a casa muchos días, porque los restaurantes todavía no estaban abiertos, y ya me quedaba. Mi principal ocupación era coordinar el traslado desde la sede antigua a la nueva, las dos en Badalona, o sea, a poca distancia del piso donde vivíamos. Y eso, para alguien como yo acostumbrado a estar en mil frentes al mismo tiempo, era una tarea bastante sencilla. Así que pasaba mucho tiempo en el piso de Badalona. Nuestro hijo parecía encantado de estar todo el día con sus padres. A las ocho salía al balcón a cantar *Resistiré* y luego bañera, cena y a la cama.

Una de las cosas que hicimos durante aquellas primeras semanas fue crear planes de crisis. Hacía uno y al cabo de nada ya no servía. Teníamos plan A, plan B, plan B2, plan

X... Y ninguno terminaba de funcionar, porque la situación era tan excepcional que nosotros no controlábamos nada.

Al cabo de poco nos dejaron abrir las tiendas, pero cuando lo analizamos nos dimos cuenta de que no tenía sentido. A mi mujer sí le valía la pena, pues tenía una clientela de estética muy fiel que necesitaba de sus servicios, pero el tipo de negocio que habíamos creado en Enrique Tomás no funcionaba en aquellas circunstancias. En nuestros locales, los clientes compraban si venían a tomar algo o tomaban algo si venían a comprar. Pero como sólo estaba permitida la venta, no el consumo en el local, era muy improbable que vinieran sólo a comprar jamón. Eso ya podían hacerlo cuando iban a comprar al supermercado. Además, la gente estaba bastante asustada y no parecía muy predispuesta a comprar un producto que se considera más de disfrute que de primera necesidad. En lugar de ir a varios establecimientos, intentaban visitar sólo los imprescindibles y durante el mínimo tiempo posible para reducir las posibilidades de contagiarse.

En medio de aquella pesadilla, en la que nadie sabía por dónde tirar, fue duro darse cuenta de que no éramos un destino preferente para la gente y que, en consecuencia, teníamos que seguir cerrados. Podíamos abrir, pero no nos valía la pena. Fue entonces cuando empezamos a buscar todas las ayudas posibles. En Estados Unidos no tuvimos problemas, pues nuestros socios de allí hicieron gestiones y el gobierno asumió el alquiler y los gastos mínimos durante todo el confinamiento; en Gran Bretaña, en cambio, ni una sola ayuda, como tampoco en Francia, y mucho menos en países iberoamericanos donde teníamos socios como Perú o

Argentina. En España hubo al menos algunas ayudas, las suficientes para seguir. Quizás no sea el sitio donde mejor se hizo, pero tuvimos los ERTE y los préstamos ICO, que permitieron a muchas pymes sobrevivir.

En medio de aquella incertidumbre, de los cientos de noticias contradictorias y confusas que nos llegaban a diario, mi única idea era seguir adelante como fuera. Me repetía cada día «¡vamos, vamos, vamos!» como si fuera una especie de grito de guerra, igual que Arantxa Sánchez Vicario en sus míticas finales de Roland Garros o su hermano Emilio o, más recientemente, Rafa Nadal en sus momentos de dificultad sobre la pista. Como buen aficionado al tenis que soy, aquel grito de ánimo se me quedó grabado y me lo repetía a todas horas. Y yo tampoco iba a rendirme.

Pero lo más duro, dentro de la incertidumbre de no saber cuánto duraría aquello, fue escuchar cada día las cifras de personas fallecidas y hablar con amigos y conocidos que habían perdido a un ser querido y no habían podido despedirlo. No hay que olvidar que en aquellos momentos estaban prohibidos los funerales, así que las personas que perdían a un ser querido no podían despedirlo en condiciones.

Dentro de la desgracia, di gracias a Dios porque mi madre nos había dejado en noviembre de 2019, cuatro meses antes del inicio de la pandemia, y no había tenido que vivir aquello. Falleció con noventa y tres años rodeada de los suyos. Sus once hijos la pudimos atender y acompañar en todo momento, pudimos velar su cuerpo y despedirla. Quiero imaginar que nos dejó en paz, sintiéndose arropada por toda su familia.

1966-1978

Amparo, mi madre, me dio a luz en 1966 en la Clínica del Carme de Badalona. Antes de traerme al mundo había hecho lo propio con mis diez hermanos, siguiendo un ritmo bastante constante de un parto cada dieciocho meses. Después de mí ya no tuvo más hijos, por lo que quedé como el menor de una familia más que numerosa. Dicen que los pequeños suelen ser los más sociables y seguros de sí mismos, y debe ser verdad, porque si alguna habilidad he desarrollado a lo largo de mi vida es la de relacionarme con facilidad con personas de todo tipo.

Al principio, sin embargo, fui un niño bastante tímido e introvertido. Observaba mucho y hablaba poco, supongo que tratando de aprender y de encontrar mi sitio en la familia, en el barrio y el mundo. Mi madre, pobre mujer, hacía lo que podía con tanta prole. No recuerdo que estuviera especialmente por mí, pero ¿cómo iba a estarlo si tenía que alimentar, vestir y sacar adelante a un equipo de fútbol entero? Bastante hacía con lo que hacía. A día de hoy, más de tres años después de su fallecimiento, sigo teniendo una foto en la mesa de mi escritorio en la que estamos ella y yo juntos. Es una forma de tenerla siempre presente y de recordarme de dónde vengo, otro «anclaje», como el del gresite o el de la bala, para no perder las referencias. Para recordarme que soy hijo de dos personas humildes y trabajadoras que lo dieron todo por su familia, algo que yo también procuro hacer, siguiendo su ejemplo. Porque con el tiempo y después de ser padre y vivir mil y una vicisitudes, puedo entenderlos mejor. Puedo entender, por ejemplo, el sacrificio y a la vez la ilusión que debió suponer para ellos dejar Orihuela, en la provincia de Alicante, a finales de los años cincuenta. Como tantos emigrantes de aquellos años, cuando llegaron a Barcelona buscaron trabajo de lo que buenamente pudieron. Mi padre, Julio, trabajó primero en una fábrica textil, una industria boyante en aquellos momentos en Cataluña. Cuando tuvieron a mis tres hermanos mayores vieron que el salario no daba para tanto y montaron un primer negocio, en concreto una lechería.

Vivíamos en el barrio de La Salut de Badalona, en un piso en la calle Ramiro Ledesma —hoy Federico García Lorca— de 55 metros cuadrados y tres habitaciones. Todo bien salvo por el hecho de que allí convivíamos como podíamos... ¡Catorce personas! Mis padres, sus once hijos y la abuela. Era, como siempre digo, un piso con vistas al futuro, pues eran las únicas vistas que tenía si exceptuamos la ventana que se abría a una galería trasera, donde los vecinos del bloque tendían la ropa. Uno de mis primeros recuerdos de infancia es justamente aquella vista de los tendederos y la impresión que tuve en un determinado momento de tener un millón de pantalones. Supongo que ahí nacieron mis sueños y ambiciones, las ganas de salir de allí y hacer algo importante.

Dicen que uno siempre es del lugar donde creció, y en mi caso es verdad. Sigo considerándome un chico de barrio, concretamente del barrio de La Salut de Badalona, que para quien no la conozca es una ciudad cercana a Barcelona en la que en los años setenta nos mezclábamos los hijos de inmigrantes con los BTV, o sea, los *Badalonins de tota la vida*. Nunca olvido de dónde vengo: de aquel piso humilde en el que nos apelotonábamos catorce personas, de aquella calle del barrio de La Salut y de aquel entorno que era mezcla de orígenes y culturas. Cuando me preguntan de dónde soy siempre digo que primero soy de mi calle, después del barrio, después de Badalona y finalmente catalán, español, europeo y ciudadano del mundo. Y no lo digo por quedar bien, sino porque lo siento así.

Volviendo a mi familia, aquella lechería que montó mi padre Julio derivó con los años en un colmado, una de esas tiendas de comestibles de la época en las que había un poco de todo. Fue el inicio del emprendimiento en casa, no tanto por vocación como por necesidad. Allí trabajaron, con más o menos ganas, todos mis hermanos, pues en la familia se entendía y aceptaba que aquella tienda era la que nos daba de comer a todos. Yo, cuando me llegó el momento, también lo hice. Y ese momento llegó bastante pronto. Con sólo ocho años empecé a echar una mano en la tienda haciendo pequeñas tareas los sábados, que era cuando más trabajo había. De hecho, el sábado era el día clave, pues se hacía la mitad de la caja de toda la semana. En aquella época la gente cobraba el salario por semanas. El hombre cobraba el viernes y la mujer iba a comprar al mercado el sábado. Era lo habitual.

Mi padre me dijo que debía echar una mano. Tenía, como digo, sólo ocho años, pero no era explotación infantil ni nada por el estilo, era algo normal en la época. Muchos de mis amigos hacían lo mismo. Recuerdo, por ejemplo, a Isidro. Su padre era peluquero y él empezó a ir desde muy pequeño a la peluquería los sábados a echar una mano. Y otros también hacían algo parecido. El caso es que así fue como empecé a vivir el ambiente del mercado, el trato con los clientes, los madrugones para poner a punto la tienda y tener el género bien expuesto, etcétera. Empecé a vivir lo que era ser un tendero, que en realidad es lo que sigo siendo, aunque ahora tenga más de un centenar de tiendas repartidas por medio mundo.

A los doce empecé a trabajar de lunes a sábado. No dejé la escuela, de hecho soy el único de los once hermanos que acabó la Educación General Básica, la EGB, pero empecé a dedicar cada vez más horas al negocio familiar. Me gustaba y veía que por aquel camino podía aprender más que estudiando y ganar dinero y convertirme en quien yo quería ser. Además, a nadie parecía importarle si me iba bien o mal en el colegio. Supongo que fue entonces cuando empecé a construirme un caparazón que fue la base de mi exagerada independencia.

Mis hermanos mayores empezaban a emanciparse y abrir sus propios negocios: Amparo, la mayor, una carnicería; Julia, la segunda, una tocinería, al igual que el primer varón, José Manuel; Angelita, un comercio de pesca salada; Juani, también una tocinería... Así que nuestro padre nos intentó convencer a los más jóvenes de que siguiéramos su estela y nos dedicáramos a la tienda. Los fines de semana, además, empezamos a hacer pollos *a l'ast* (pollos asados en espetón giratorio) en una tienda que compró mi padre y que tenía mucho espacio, por lo que yo trabajaba prácticamente toda la semana. Había días en que hacía de todo: abrir el colmado, atender, deshuesar, cerrar y quedarme a limpiar a última hora. Tenía la fuerza de la ambición, que todavía hoy me acompaña, aunque ya de una manera más consciente y con la vista puesta en dar un paso al lado algún día, pues afortunadamente he conseguido lo que quería y tengo el relevo de mis hijos, Núria, que lo combina con sus propios proyectos, y Albert, que está plenamente en el día a día de la empresa.

En el negocio de los pollos, en el que trabajaba los domingos y festivos, me encargaba de tomar pedidos por teléfono y atender a los clientes. Aunque trabajaba todos los días, recuerdo aquella etapa como una de las mejores de mi vida. Era la época en que emitieron por primera vez «Verano azul» en Televisión Española, que yo podía ver porque la echaban los domingos por la tarde y era mi único momento de descanso de la semana.

También tuve por entonces una de mis primeras ideas de negocio: aprovechar la parte de abajo del horno de los pollos para asar patatas. Fue todo un éxito. Llegó un momento en que las patatas daban más beneficios que los pollos. No sé si fui el primero en tener esta idea, pero la verdad es que no la había visto en ningún sitio.

Al cabo de un tiempo, mis hermanos Tomás, Jorge y Julio, que eran los más jóvenes por encima de mí, decidieron que dedicar los días festivos a aquel trabajo era muy sacrificado y optaron por dedicarse a sus propias carreras. Entonces levanté la mano y propuse hacerme cargo de la tienda. Mi padre al principio se mostró escéptico, pues yo era el pequeño, tenía sólo doce años. Pero mis hermanos le explicaron que en realidad era yo quien, de hecho, ya me estaba responsabilizando de la tienda en el día a día.

Es curioso: él nunca habló para mí, hablaba para mis hermanos mayores, que no le hacían mucho caso. Pero yo siempre lo escuché, diría incluso que fui el que más lo escuchó. A esas edades ningún adolescente escucha a su padre, pero yo, por algún motivo, sentía que tenía una responsabilidad y un deber con él y con mi madre. Siempre he sentido muy adentro ese peso de la responsabilidad.

El negocio de los pollos asados me reportaba entre 10.000 y 15.000 pesetas cada fin de semana (hablamos de finales de los setenta y principios de los ochenta). Mi padre me impuso, con buen criterio, compartirlo con mis hermanas Conchi y Virtudes. Aun así, empecé a tener unos buenos ingresos y a ahorrar. Y, de paso, empecé también a dibujar en mi cabeza mis propios sueños.

Recuerdo que cuando tenía sólo siete años mi madre me preguntaba qué quería ser de mayor y yo contestaba: «Seré alguien importante». Con aquella respuesta intentaba transmitirle que tenía inquietudes, que quería hacer algo grande. Con el tiempo me he dado cuenta de que lo que quería en realidad era hacer algo de lo que ella se sintiera orgullosa. Siempre he querido contentar a las mujeres de mi vida: primero a mi madre, después a mis hermanas, más tarde a mi mujer y mi hija... Es curioso lo que descubrimos cuando miramos atrás.

Cuando mi madre era ya muy mayor y apenas podía con su alma, algunos días le hablaba y le decía: «Mamá, lo he conseguido». Sin embargo, aquella primavera de 2020, apenas tres o cuatro meses después de despedirla, mi sueño empezó a correr peligro por una pandemia mundial absolutamente impredecible. Por suerte, ella ya no lo vivió.

2

Abril, 2020

En abril, después de que el confinamiento se prorrogara un par de veces, empezamos a asumir que la cosa podía ir para largo. Yo hablaba con mucha gente, tanto de mi empresa como amigos u otros empresarios, y nadie sabía hacia dónde tirar. Era imposible hacer pronósticos ni prever cuándo volvería la normalidad. Todavía no se hablaba de aquella expresión que luego se haría tan famosa, la «nueva normalidad». En aquel momento estábamos en un escenario insólito y cualquier decisión era como jugar a la ruleta. Rojo o negro. Podías acertar de lleno o perderlo todo.

Fue el momento de empezar a tomar algunas decisiones contundentes. Una de ellas, que al principio me resultó muy dolorosa pero que luego resultó ser un acierto, fue cerrar nuestra tienda de la calle Carretas, en pleno centro de Madrid. En su momento fue un logro poder tener un establecimiento en el corazón de la capital, apenas a unos metros de Sol, en el mismísimo kilómetro cero del país. No era nuestra primera tienda en Madrid, pero estaba en un lugar emblemático. ¿Por qué la cerramos? Pues porque la propietaria del local se negó a rebajarnos temporalmente el alquiler. Un alquiler, por cierto, altísimo. Por si alguien no lo recuerda, era la época en que, para poder sobrevivir, las empresas nos acogíamos a todas las ayudas decretadas por el gobierno, que, además de los ERTE y los préstamos ICO, recomendó a los propietarios de pisos y locales comerciales que se ajustaran y fueran generosos con sus inquilinos para poder salir adelante entre todos. Muchos caseros lo hicieron, otros, como nuestra casera de la calle Carretas, no.

Para nosotros, mantener cerrada aquella tienda pagando un alquiler tan alto era una sangría. Al mismo tiempo, cerrarla suponía asumir unas pérdidas y, sobre todo, dejar una ubicación privilegiada. Pero éstas son las decisiones que forjan a un empresario. Porque, como comentaba antes, la principal responsabilidad de éste es tomar decisiones, muchas veces a ciegas y siempre asumiendo riesgos. En este caso, decidí cerrar y, viendo cómo fueron las cosas después, fue un acierto, pues quedarnos hubiera supuesto perder al menos medio millón de euros antes de poder abrirla de nuevo al público.

Hubo caseros que sí nos ayudaron y rebajaron sus rentas mientras estuvimos cerrados, personas sensibles a la situación excepcional que estábamos viviendo y que entendían que cuando una empresa cierra se van a la calle un montón de empleados, muchos de ellos con familias que mantener. Sería muy largo enumerar aquí a todas esas personas, pero les estoy muy agradecido, porque en cierta forma me ayudaron a ayudar, a mantener la empresa a flote y seguir pagando los sueldos. En realidad, era una cuestión de cordura, de arrimar el hombro ante una catástrofe para salir adelante entre todos. Yo mismo soy propietario de algunos locales y lo entendí así desde el principio, por lo que actué en consecuencia y ayudé a otros. Era tan de sentido común que incluso el gobierno de Cataluña lo acabó imponiendo como norma.

En aquellos momentos de total incertidumbre, mi mejor casero fue sin duda AENA, la empresa estatal que gestiona la mayoría de los aeropuertos españoles. Mientras muchos de nuestros caseros aceptaron un acuerdo para rebajar el alquiler al 50 por ciento (nosotros asumíamos el otro 50 por ciento), AENA no nos cobró alquiler durante aquellos primeros meses de la pandemia en los locales que estaban cerrados. Es cierto que en aquel momento todas las ayudas nos parecían pocas, pero es de justicia reconocer que no tener que pagar aquellos alquileres a AENA fue un gran alivio. Resultó clave para que pudiéramos seguir respirando, pues en aquel momento ya estábamos en muchos aeropuertos.

También fue clave poder mantener abiertos los dos locales que teníamos en aquel momento en el aeropuerto de Madrid. Gracias a esas dos tiendas pudimos sacar gran parte del género que teníamos preparado para la venta, sobre todo los sobres de jamón lonchado, que son un producto perecedero y que salieron en bocadillos. Llegamos a vender mucho en aquellas semanas, especialmente en la T4, ya que era el único local abierto donde los viajeros podían comerse un bocadillo.

En paralelo, hicimos una apuesta tremenda por la venta online, que también nos permitió darle salida al género que teníamos preparado. Aquello fue un gran acierto, aunque no en términos de beneficio, pues a veces para vender mil euros teníamos que invertir otros mil. Mucha gente en el sector optó por lo mismo y había una gran competencia, por lo que tuvimos que invertir mucho en publicidad. Además, no quisimos bajar precios, pues pensamos que nos perjudicaría en términos de imagen —cuando alguien compra un producto por debajo de su precio, le resta valor y luego no quiere pagar lo que vale.

En términos absolutos incluso perdimos dinero con el comercio online, pero logramos que mucha gente nos conociera, que probara nuestros productos y que repitiera. Y, como sigo teniendo alma de tendero, para mí ése es el éxito: que el consumidor quede satisfecho y vuelva, que repita. Ahí es donde verdaderamente podemos decir que tenemos un cliente. Y eso es lo que empezamos a lograr con la venta online en aquellos momentos. De paso, aprendimos mucho sobre este tipo de venta, que tiene sus particularidades. Fue como un curso acelerado. Ese aprendizaje nos sigue sirviendo hoy en día.

Lo que no hicimos fue guardar producto para venderlo más adelante. Un jamón entero aguanta mucho si lo tienes bien cuidado y en el sitio que toca, pero cuando está loncheado no tanto. Aguanta, pero pierde calidad si se guarda demasiado. Por eso en mi empresa nunca jugamos con la caducidad del producto ni la llevamos al límite. Sabemos que nos va el prestigio en eso.

El jamón que no pudimos vender dentro de unos plazos razonables lo dimos a diferentes organizaciones solidarias, desde hospitales a iglesias, pasando por ONG. Aunque no era la intención, esa decisión a la larga nos ha beneficiado mucho en términos de prestigio. Aunque no lo hicimos por eso, por supuesto. Lo hicimos por pura coherencia, por pura autoexigencia. Porque la coherencia y la autoexigencia, como me demuestran mis más de cuarenta años como empresario, a la larga siempre son buenas.

1982

Esos más de cuarenta años de experiencia arrancan en 1982. Ese año, que muchos de mi generación recuerdan por el Naranjito y el mundial de fútbol que se celebró en España, abrí mi primera tienda en el mercado de La Salut de Badalona. Era muy joven, tenía sólo dieciséis años. Como era todavía menor de edad, mis padres tuvieron que venir conmigo a firmar el contrato de alquiler y el resto de los papeles.

Cuando explico esto en algunas entrevistas con medios de comunicación, el entrevistador o la entrevistadora normalmente se sorprenden por la precocidad. Es cierto que abrir un primer negocio con dieciséis años es bastante inusual, pero hay que tener en cuenta que yo llevaba desde los ocho ayudando en el negocio familiar y desde los doce dedicándome a tiempo completo. Además, había visto cómo la mayoría de mis hermanos se iba independizando y montando sus propias tiendas. De alguna manera, era algo que estaba en el ambiente, un proceso lógico y natural. Lo que sí es cierto es que yo fui muy rápido y quise hacerlo en cuanto vi una oportunidad. Tenía la ambición de conseguir algo grande y no me asustaba asumir riesgos. Estos dos rasgos de carácter, la rapidez y la ambición, me han acompañado toda la vida. Y, mejor o peor, han hecho de mí lo que soy hoy en día.

El caso es que llegué a un acuerdo con mis padres para hacerme cargo de su negocio de manera que ellos, que eran ya muy mayores, pudieran retirarse. A cambio de su ayuda para que yo despegara, quedamos en que les pasaría una manutención, cosa que hice hasta el final de sus días. Por tanto, no fue un salto a lo loco, sino por fases y con algo de red.

Alquilamos un puesto en el mercado de La Salut, que prácticamente acababa de inaugurarse, y allí empecé a vender tocino, embutidos y quesos. Aunque tenía el precedente de la tienda familiar, no quise que fuera exactamente una continuidad de aquel negocio, sino uno nuevo donde empecé a poner en práctica lo que había aprendido los años anteriores, tanto en el colmado como los fines de semana vendiendo pollos. Poco a poco empecé a imprimirle mi propio estilo, con mucho diálogo con las clientas para entender bien qué necesitaban y cómo podía lograr que se fueran contentas. Y, sobre todo, que volvieran.

Aquello fue el principio de una larga aventura que todavía dura. A veces leo historias de empresarios americanos hechos a sí mismos, los *selfmade men*, como los llaman, y pienso que en nuestro país tenemos también muchas historias parecidas y que ya es hora de ponerlas en valor. No digo que la mía tenga que salir en primera línea, pero me parece que algún mérito tiene crear una empresa con más de cien tiendas repartidas por medio mundo a partir de una sencilla tocinería en un mercado. Uno de los problemas de nuestro país es que siempre ensalzamos lo que hacen bien otros y no damos importancia a lo que hacemos bien nosotros, que son muchas cosas. Y creo que hay que empezar a cambiar esto. En mi caso, han sido cuatro décadas de mucho esfuerzo y trabajo duro, pero puedo decir con satisfacción que he superado con creces el sueño de aquel chaval inquieto que empezó a caminar por su cuenta y a soñar con sólo dieciséis años.

Aquélla no era una tienda dedicada únicamente al jamón, eso vino después. Era una tocinería, es decir, un establecimiento especializado en todo lo que tenía que ver con el cerdo, desde carne hasta embutidos y jamón. También despachaba queso, pero no era el centro del negocio. Aunque era muy joven, no me resultó excesivamente difícil, pues conocía los productos, tenía los proveedores y sabía cómo tratar con la gente. Había logrado superar la timidez de cuando era niño y cada vez me sentía más cómodo en el trato con unos y con otros, especialmente con la clientela.

Durante los años siguientes fui desarrollando y perfeccionando esta habilidad sin más ayuda que la observación y la práctica. Fui cogiendo confianza y soltura, hasta el punto de que, ya metido en la veintena, empecé a atraer a las clientas del mercado por la labia y por las cosas que les explicaba. Mi exmujer, con la que me casé en diciembre de 1986 —yo tenía sólo veinte años, también fui bastante precoz en eso—, me decía: «A ti no vienen a comprarte, vienen a escucharte». La parada se convirtió en mi atril y yo, en una especie de predicador. Desde aquella tribuna me ganaba a la gente e iba creando una especie de comunidad, eso que ahora está tan de moda en las redes sociales. Venían, compraban y no tenían prisa por irse, porque se encontraban a gusto.

¿De qué les hablaba? Pues de todo un poco. De los productos que tenía para vender, claro, pero también de cosas que me preocupaban en aquel momento. Cosas que pasaban en el barrio, que veía en la televisión o que me explicaban las propias clientas. Así lograba conectar con sus inquietudes o con las cosas que a ellas les importaban. Pero no lo hacía como un actor que interpreta un papel sin más, sino como alguien que lo vive y que se implica. Uno es un buen comunicador cuando realmente le importa lo que comunica. De hecho, cuando años más tarde crecí como empresario y me di cuenta de que ya no conectaba tanto con mi clientela, dejé de estar detrás del mostrador.

Aquéllos fueron años intensos también en lo familiar. Además de casarme muy joven, en junio de 1987 nació Núria, mi primera hija. Todavía no había cumplido los veintidós y, además de tener ya mi propio negocio, estaba casado y tenía una hija. No fue algo premeditado, sino que la vida me fue llevando hacia ahí. El segundo, Albert, tardó un poco más en llegar, concretamente en 1992. Tenía ansia por crecer, tanto en el negocio como en la vida familiar.

En aquellos años despachando en el mercado de La Salut de Badalona me di cuenta de algo que marcó mi futuro como empresario: que el jamón era un capítulo aparte, un producto que jugaba en otra liga. Más aun, en la Champions. No era como comprar lomo o jamón cocido o chorizo. Era un producto más caro y que no todo el mundo se podía permitir, o, mejor dicho, que se permitían sólo en ocasiones especiales, en una celebración de cumpleaños, una boda, una comida de Navidad o una cena de fin de año.

Como yo tenía mucha facilidad de palabra y era, dicho sea humildemente, un buen vendedor, convencía a algunas amas de casa para que hicieran un esfuerzo, invirtieran un poco más y se llevaran cien gramos de lo que entonces se llamaba «jamón serrano». Era un extra para ellas y sus familias, entre otras cosas porque La Salut era un barrio humilde. Precisamente por eso, aquel jamón que se llevaban tenía que cumplir totalmente sus expectativas. Si la señora, que era casi siempre la que compraba, se lo llevaba a casa y sus hijos o su marido no decían «¡qué rico está!», yo me jugaba el prestigio y corría el riesgo de perderla como clienta, porque la había animado a gastarse más de lo que normalmente se gastaba. Por tanto, tenía que asegurarme de que aquel jamón fuera de buena calidad.

También observé durante aquellos años que la compra de un jamón entero, ya fuera una pata o una paletilla, era un asunto delicado. Exagerando un poco, era casi como comprar un coche: tenía que verlo toda la familia y escogerlo entre todos. Cuando se lo proponía a una clienta me decía: «Vale, pero vendré con mi marido». O sea, la decisión de compra se compartía con la pareja y se meditaba mucho.

Cuando se trataba de una pieza entera me la jugaba todavía más, pues la expectativa era mayor. Una cosa era que los cien gramos de jamón no triunfaran en casa, pero otra mucho más grave que un jamón entero saliera salado o con demasiada grasa. Tenía que estar en su punto para que el disfrute fuera máximo, no sólo el de aquella familia que compraba el jamón, sino el de sus familiares y amigos, con los que a menudo lo compartían en encuentros o celebraciones.

Precisamente, lo que empecé a ver en aquel entonces, y que fue para mí como una especie de revelación o de iluminación que marcó el resto de mi vida, fue que el jamón, a diferencia del resto de los productos que vendía en la tocinería, no servía para llenar la barriga, sino para regalar el paladar. No era comida, en el sentido básico y primitivo de lo que significa alimentarse, sino otra cosa: placer, sensualidad, sentimiento, arte que nutre el alma más que el cuerpo. O sea, el tema no iba de comer, sino de disfrutar.

Me di cuenta también de que había un gran mundo por explorar y un enorme recorrido por seguir. Para asesorar adecuadamente a los clientes y conseguir su respeto y su confianza tenía que saber más, así que empecé a informarme, a preguntar a los mejores fabricantes de jamones de diferentes lugares de España, a visitarlos, a conocer a fondo el proceso de elaboración y a distinguir entre las diferentes calidades. A saber cómo funcionaba el negocio y la cadena de valor; a entender por qué había una gama de precios tan variada y poder justificarla ante mis clientes.

Aquel niño que soñaba con hacer algo grande, y que ya era un adulto joven con unas ganas locas de comerse el mundo, acababa de encontrar el vehículo para su sueño: el jamón.

Todavía hoy, cuatro décadas después de iniciar aquella aventura, hay en mí algo de aquel niño que soñaba y de aquel joven que se esforzaba cada día sin descanso. No era todavía capaz de poner mis ambiciones en un plan de negocio, ni siquiera sabía lo que era esto, pero tenía una visión:

sabía que quería llegar lejos. De forma inconsciente, decidí en aquella época que iba a poner el jamón en el lugar que se merece entre las joyas gastronómicas del mundo, al lado del caviar, la trufa o el *foie*; que iba a darlo a conocer y llevarlo tan lejos como me fuera posible; que iba a ponerle nombre al jamón en el mundo, como reza todavía hoy nuestro eslogan.

En realidad no es que lo decidiera, sino que lo soñaba y trabajaba para alcanzar ese sueño. Con humildad, pero con pasión y ambición. Porque cuando me meto en algo, me meto con los cinco sentidos. Siempre lo he hecho así, todavía hoy. No voy a dar lecciones a nadie de cómo construir empresas o hacer negocios, pero sí diré algo para quien quiera escucharlo —o leerlo en este caso—: o te metes con todo o no te metas. Gran parte del secreto del éxito en los negocios es la tozudez, la insistencia, la persistencia, la resiliencia. Porque equivocarte, te vas a equivocar. Yo me he equivocado un millón de veces, como aquella en que hice un *spot* para televisión que sólo vieron mi madre y mis empleados porque no tuve en cuenta que, además de hacer un vídeo bonito, tenía que gastarme mucho dinero comprando espacio en las televisiones. Pero de todo se aprende. Y de todo se sale, mejor o peor.

El jamón se convirtió en mi obsesión. Empecé a aprender cada vez más y más y más, hasta el punto de convertirme en un experto. Modestia aparte, creo que hoy en día soy una de las personas que más sabe de jamón en el mundo, si no la que más. Otros pueden saber más que yo en algún campo concreto, pero en una visión de 360 grados no.

Precisamente para garantizar la satisfacción y mantener la fidelidad de la clientela, empecé a investigar dónde se producían los mejores jamones del país y visité por primera vez el valle de los Pedroches (Córdoba), Jabugo (Huelva), Guijuelo (Salamanca) o las inmensas dehesas de Extremadura. Descubrí que en esta última comunidad están las grandes dehesas españolas y se concentra la mayor parte de la cabaña —hoy en día el 60 por ciento—, y que muchas de las curaciones tienen lugar en Guijuelo —actualmente un 50 por ciento—. Y que a veces, por cuestiones del mercado, el cerdo se cría en una zona, se sacrifica en otra y sus patas se curan en otras, porque se puede dar la circunstancia de que cada una de las patas del cerdo sea curada en un sitio distinto.

Pronto descubrí que si quería especializarme en aquel producto selecto y único, tenía que aprender a encontrar la mejor materia prima. Aprendí que la calidad del jamón empieza en el campo, en las cosechas de cada año, en la calidad de los pastos, en la abundancia o escasez de bellotas. Porque si las condiciones del terreno no son buenas, el jamón no es bueno.

Para hacer un jamón ibérico se necesitan tres años, y en ese tiempo pueden pasar muchas cosas, así que hay que vigilar mucho el proceso de elaboración y la calidad. Y comprar con mucha antelación en función de lo que creas que vas a necesitar al cabo de esos tres años, lo cual siempre es una apuesta arriesgada.

Todo aquello respondía, en el fondo, al mismo objetivo que tenía como tendero en mi puesto en el mercado: conocer bien el producto para satisfacer a mis clientes. Buscar los mejores proveedores para responder al máximo a las expectativas de mis clientes y tenerlos contentos, aunque a veces eso signifique ganar menos. Pero no me importa, pues a la larga tener una clientela contenta es más rentable que buscar el beneficio inmediato sacrificando la calidad. Éste es un principio que he mantenido siempre como algo sagrado. No hay que olvidar que mi empresa lleva mi nombre. Con cada producto que vendo está en juego mi reputación como empresario e incluso como persona.

Siempre, siempre, tengo que dar la cara, ante los consumidores, ante los empleados, ante los proveedores. Ante mi familia y amigos. Ante todo el mundo.

3

Mayo, 2020

Viajo mucho. En épocas normales de trabajo, paso varios días a la semana de un lugar a otro, sobre todo por España, pero también por otros países. Me muevo tanto que hace poco, coincidiendo con mi cincuenta y cinco cumpleaños, decidí comprar un pequeño avión para ahorrar tiempo en mis desplazamientos.

También me gusta pilotar. Disfruto con la sensación de volar estando a los mandos, llevando yo el control. Planifico el viaje mirando un gran mapa de España que ocupa una de las paredes del despacho de mi casa y luego me desplazo hasta el aeródromo de Sabadell, que es donde tenemos el avión. Y desde allí despego rumbo a alguna ciudad española.

El viaje más difícil de mi vida lo hice, sin embargo, en tren. Fue el 13 de mayo de 2020. Llevábamos dos meses de pandemia y de confinamiento, tratando de afrontar con entereza la peor crisis sanitaria y económica de la historia moderna de España y del mundo. La incertidumbre seguía siendo total. Como empresario, me pasaba los días tratando de mantener a flote la compañía, preocupado desde que me levantaba hasta que me acostaba. Incluso durante la noche mi cabeza iba a mil tratando de encontrar soluciones para afrontar el enorme golpe que estábamos sufriendo. Dos meses sin vender casi nada era más de lo que cualquier empresa normal podía resistir.

El problema más grave era que había adquirido compromisos de compra con varios productores de jamón de toda España. Como he explicado antes, los jamones ibéricos necesitan unos tres años de elaboración, así que yo había encargado ya en 2017 los jamones que iba a necesitar, si la situación hubiese sido normal, en 2020. Pero las circunstancias no eran ni mucho menos normales. No estábamos vendiendo prácticamente nada ni sabíamos cuándo íbamos a poder abrir de nuevo. Y esos jamones que yo había «encargado» en 2017 para 2020 ya estaban listos, así que tenía a los fabricantes llamando a mi puerta para servírmelos y, lógicamente, cobrarlos.

El tema era, además, que ese año había hecho una de las compras de jamones más grande de mi vida, o sea, de la historia de Enrique Tomás, porque mi plan era crecer mucho en 2020 y en los años sucesivos. De hecho, quería doblar la facturación: pasar de los 80 millones en 2019 a los 160 en 2020, y alcanzar los 360 en 2022. Lo tenía estudiado y era posible. Lo que no podía imaginar, ni yo ni nadie, es que pasaría lo que pasó.

Por tanto, explicado de una forma sencilla, mi problema era que no podía pagar el género que había encargado tres años antes, y menos al precio que habíamos acordado tiempo atrás, porque no estábamos vendiendo nada. Por otra parte, si no me lo quedaba incumplía mi compromiso y perdía no sólo la paga y señal, sino también la credibilidad que había ganado a lo largo de toda una vida como empresario. Y esto último, además de ser para mí inconcebible, podía ser un lastre cuando volviera la normalidad, pues yo seguía teniendo la esperanza de que la cosa se enderezara pronto y pudiéramos volver a vender a buen ritmo y retomar la senda del crecimiento. Así que tenía que hacer algo.

¿Cómo afronté esta situación? Pues dando la cara. A pesar de las restricciones y de las dificultades para desplazarnos, tomé la decisión de ir a ver a cada uno de mis proveedores y hablar cara a cara con ellos. Porque si algo he aprendido con los años es que uno no debe esconderse cuando hay problemas. A veces no se pueden solucionar, pero al menos hay que hacerles frente, no quedarse en la retaguardia esperando a ver qué pasa. Esto es algo que aprendí de mi padre (gracias, papá). El hombre se había arruinado varias veces, pero cuando tenía problemas para pagar se iba a ver a la persona a la que le debía dinero y le decía: «Mira, estoy aquí dando la cara. No te preocupes que de alguna forma te voy a pagar. No me escondo». Eso es lo que contaba siempre y lo que me quedó grabado como una enseñanza importante.

Así que decidí que eso era lo que tenía que hacer. Decidí que, aunque en aquel momento nadie viajaba y era una incógnita lo que podía pasar, tenía que ir a ver a mis proveedores, dar la cara y hablar con ellos sobre cómo podíamos afrontar juntos aquella situación. No sabía cómo me recibirían ni qué contestarían a lo que había pensado proponerles, pero lo que tenía claro era que aquello no podía hablarlo por teléfono. Las llamadas o las videoconferencias no me servían. Quería mirarlos a los ojos en persona, aunque no pudiéramos darnos la mano o tuviéramos que hablar con la boca tapada por una mascarilla. Sólo así podía mantener su confianza y convencerlos de que yo iba a cumplir y de que necesitaba su ayuda para hacerlo. Eran momentos críticos y todos teníamos que sacrificar algo para volver a ganar en el futuro, cuando las aguas regresaran a su cauce.

Aquella mañana del 13 de mayo de 2020 llegué a la estación de Sants de Barcelona con Matías Laborda, responsable de Calidad de la empresa. La situación era insólita: casi no había trenes programados ni viajeros. Parecía una estación fantasma. Cogimos el tren hasta Madrid y de allí a Sevilla, donde se nos unió Tomás Díaz, uno de nuestros encargados de Compras, que vino hasta allí en su coche —él vivía en Toledo—. Una vez juntos, los tres iniciamos un periplo que nos llevó de Sevilla a Jabugo y luego a Badajoz, Cáceres, Guijuelo, Sotoserrano, Ledrada, Salamanca y Segovia. En cada una de las paradas hice lo mismo: ir a ver a mis proveedores, mirarlos a la cara y decirles: «Señores, siempre he cumplido y pienso seguir cumpliendo, pero el mercado ha caído entre un 40 y un 60 por ciento, así que si no me ayudáis me voy a la ruina». Mi petición, más en concreto, era que asumiéramos esa bajada juntos, o sea, que no me la comiera sólo yo. Para ello, necesitaba que me rebajaran el precio de los «apartos», es decir, de las partidas de jamones que ya se habían curado y tenían preparados para enviarme.

Antes de iniciar aquel viaje, sólo un fabricante, en concreto uno de Guijuelo, Carlos, me había llamado para decirme: «Mira, Enrique, soy consciente de la situación, así que he pensado que en este "aparto" que ahora te envío te voy a bajar el precio. En vez de mantener el precio que teníamos pactado, te lo voy a dejar en tanto. Espero que eso te ayude a afrontar la situación». Básicamente me hizo un descuento sin yo pedírselo... Y estoy hablando de muchos cientos de miles de euros. Un detalle que nunca olvidaré. Aquello me emocionó mucho. Soy uno de esos hombres que lloran, así que no me avergüenza decir que se me caían las lágrimas. Eso sí, también soy de los que se comprometen y van hasta el final. En aquel momento le dije a Carlos: «Tío, acabas de hacer el mejor negocio de toda tu vida». Me refería a que me había ganado para siempre. Y hoy por hoy sigo cumpliéndolo. Le compro todo lo que él me quiere vender, que a lo mejor es un 30 o un 40 por ciento de su producción. En esta vida hay que ser agradecido. En todo, también en los negocios, por supuesto. A la fidelidad hay que corresponder con fidelidad.

Con el resto de los fabricantes hablé durante el viaje. Negocié con ellos uno a uno. Aunque estaba convencido de que hacía lo correcto, tanto para el negocio como para mi reputación como persona, fue duro explicarles la difícil situación económica por la que estábamos pasando y pedirles ayuda. Lo que les decía, básicamente, era que todos estamos en el mismo negocio y que teníamos que apoyarnos para salir adelante. Que si yo me iba a pique, por desgracia ellos también lo iban a padecer de alguna forma y en alguna medida. Así que lo que tenía más sentido era ayudarnos, cada uno en la medida de sus posibilidades.

Lo que les pedí, más en concreto, fue que dejaran de ganar su margen para que yo al menos no perdiera tanto. Es decir, si el mercado había caído un 40 por ciento y su margen era del 12 por ciento, les pedía que renunciaran a ese margen para que yo perdiera «sólo» un 28 por ciento. Seguía perdiendo, pero al menos de esta forma perdía un poco menos y podía intentar mantenerme a flote mientras durara la tormenta. Siempre y cuando, claro, amainara pronto, porque si la cosa se alargaba mucho, ni siquiera con ésas podría sobrevivir.

Durante aquel periplo vivimos algunas situaciones surrealistas, como la cita con la familia Postigo, uno de los fabricantes más importantes de Segovia. Como estaba todo cerrado, quedamos en una gasolinera. Aunque era mayo, todavía hacía mucho frío en Segovia. Allí, en el aparcamiento de la gasolinera, al aire libre, mantuvimos la conversación y cerramos el acuerdo. ¡Parecíamos narcotraficantes! Si en aquel momento hubiera pasado la policía por allí, yo creo que se habrían parado a ver qué estaba pasando.

Como he apuntado al inicio del capítulo, fue sin duda el viaje más importante de mi vida, no sólo porque nos ayudó a sobrevivir, sino porque me reafirmó en aquello que aprendí de mi padre: que cuando uno no puede pagar, si de verdad no puede, tiene que dar la cara, explicar por qué no puede y proponer un plan para pagar en el futuro. No sirve llamar por teléfono y mucho menos esperar a que te llamen o esconder la cabeza como un avestruz. Es preciso adelantarse y mostrar la voluntad de encontrar una solución lo antes posible.

En el mundo de los negocios, éste es un aprendizaje importante, porque la mayoría de las empresas pasan en algún momento de su vida por dificultades financieras. Y cuando eso sucede, por desgracia los proveedores son los últimos en saberlo y en recibir su dinero, si es que al final lo reciben. Como en todas partes, hay gente honrada y gente que deja de pagar a sus proveedores para comprarse un cochazo.

Al final logré un trato con la mayoría de los fabricantes. En algunos casos fue más fácil y en otros más difícil, pero la mayoría lo entendieron y pusieron de su parte, cosa que les agradecí en su momento y vuelvo a agradecerles desde aquí públicamente.

Con el tiempo me doy cuenta de que fue un gran acierto hacer aquel viaje. Aquello nos ayudó a capear el temporal. Un temporal que, por desgracia, todavía iba a durar bastante.

Aquella ayuda, junto con las del gobierno y las de los propietarios de los locales que aceptaron una rebaja temporal en el alquiler, no sólo nos permitió sobrevivir como empresa, sino ayudar nosotros mismos a mucha otra gente. Porque en aquel momento todo el mundo pedía ayuda: los franquiciados, los trabajadores, los proveedores, los amigos, las ONG, los amigos convertidos en ONG... Unos te pedían que les compraras, otros que les adelantaras los pagos, otros que donaras dinero, comida o lo que fuera.

Gracias a que pudimos seguir adelante, nosotros también pudimos ayudar a otros. Por las noches, cuando me iba a dormir después de un día complicado y ante la incertidumbre de lo que pasaría al día siguiente, ésa era justamente mi única súplica: «Dios, ayúdame a ayudar».

A la vuelta del viaje, cuando ya podíamos reunirnos presencialmente, aunque con precauciones, volví a hablar con cada uno de mis trabajadores para explicarles que seguíamos trabajando duro cada día para garantizar la supervivencia de la compañía y pedirles que confiaran en el proyecto. Igual que con los fabricantes, los miraba a la cara y les decía: «Estamos haciendo todo lo posible. Confía». No podía permitir que cundiera el desánimo, pues aunque apenas había trabajo para el 30 por ciento de la plantilla, yo quería que estuvieran preparados para cuando pudiéramos volver a la normalidad, aunque fuera a una normalidad diferente. Por eso, los convocaba en la nueva sede de la empresa, a la que ya nos habíamos trasladado, y les enseñaba las instalaciones y les explicaba la situación y les pedía que siguieran confiando. Les decía la verdad: que teníamos planes ambiciosos y que tarde o temprano íbamos a llevarlos a cabo, y que estábamos removiendo cielo y tierra para poder superar la crisis, lo cual era cierto, pues yo no paraba de hablar con unos y con otros, de llegar a acuerdos de colaboración con otras empresas para ayudarnos mutuamente, de hablar con chefs como Albert Adrià, Nandu Jubany, Carles Abellán, Dani García o los hermanos Torres para que promovieran el jamón en sus restaurantes, de negociar con los centros comerciales para que ajustaran sus condiciones, etcétera. Quería que vieran que seguíamos contando con ellos y que, aunque ahora no podían salir al terreno de juego, cuando las condiciones cambiaran tenían que estar preparados para darlo todo.

Así transcurrieron aquellas semanas de mayo y junio. Por suerte, a finales de mes ya pudimos desplazarnos con un poco más de libertad. Aquello, unido al buen tiempo y a la posibilidad de salir a caminar y disfrutar del aire libre, fue un pequeño respiro después de tres meses de malas noticias y actividad frenética. De miedo, incertidumbre y estrés.

1982-2006

Desde que monté la tocinería en 1982 tuve claro que, en cuanto pudiera, ampliaría el negocio. Mis miras apuntaban arriba y mi único freno era disponer de suficiente dinero para invertir. Poco a poco fui ahorrando y ganándome la confianza de los bancos, que vieron que era cumplidor, por lo que pude disponer de financiación.

Empecé abriendo una segunda tienda en Badalona donde, además de productos derivados del cerdo, también vendía pollo, ternera, etcétera. A ésta siguió, en 1989, una tercera, ahora en Santa Coloma de Gramenet, un municipio vecino a Badalona. La abrimos dos días después de que Arantxa Sánchez Vicario ganara su primer Roland Garros.

Ese mismo año, aprovechando todo lo que había ido aprendiendo sobre el jamón a lo largo de la década de los ochenta, creé mi propia marca de distribución, lo cual fue en realidad el embrión más directo de Enrique Tomás como empresa especializada en la venta de jamón ibérico.

Un gran salto para mí fue abrir una cuarta tienda, poco después, en Barcelona, concretamente en la plaza Sanllehy, entre el parque Güell y el del Guinardó. Era también una zona de gente sencilla, sin un elevado poder adquisitivo, pero ya se trataba de Barcelona. Y para un chico que había salido de un barrio humilde de Badalona, abrir una tienda en Barcelona era un gran logro, un salto considerable. ¡Me parecía un mundo! Estamos hablando de la época en que Barcelona era la capital del mundo gracias a los Juegos Olímpicos, que fueron todo un éxito. Era la ciudad de moda a nivel mundial, donde todos querían ir y donde todas las empresas querían estar. Ahora que acabo de abrir un restaurante en Miami, comparo y veo que aquel logro fue todavía mayor que éste, pues Barcelona era una marca de prestigio y tener una tienda allí era como poner una pica en Flandes.

Otro salto importante fue cuando abrimos en 2002 la primera jamonería en un centro comercial, concretamente el de La Farga, en L'Hospitalet de Llobregat, tocando a Barcelona. Fue mi primera tienda especializada ya en la venta de jamón ibérico. Era preciosa y funcionó muy bien. Recuerdo que Núria, mi hija, me hizo un comentario que se me quedó grabado: «Papá, acabo de escuchar a unas personas decir "han abierto un Enrique Tomás"». Marca, marca, marca. Lo estábamos consiguiendo.

Siguieron más aperturas en 2003, una en el centro comercial Llobregat Centre de la localidad de Cornellà y otra en Via Júlia, en Barcelona, a la que siguió en 2005 otra en la calle Rogent, también en Barcelona. Entre otras iniciativas, creamos nuestro servicio estrella «No te cortes», con el que facilitábamos al consumidor el máximo aprovechamiento de la pieza y garantizábamos una máxima comodidad de consumo. El servicio consistía en deshuesar, lonchear y envasar en sobres al vacío una pieza entera de jamón o paleta. Lo hacíamos (y lo seguimos haciendo) de forma manual para asegurar el mejor resultado final sin alterar el sabor y el aroma del jamón.

El éxito de aquellas tiendas, especialmente la del centro comercial de La Farga de L'Hospitalet, nos llevó a pensar que estaría bien montar una barra de degustación de nuestros jamones. Íbamos a hacerlo también en La Farga, pero entonces José Luis Mendo, el responsable de aquella tienda, tuvo un accidente, se rompió el fémur y no pude hacerlo con él. Al final la monté en otro centro comercial, el de Les Glòries en Barcelona, un lugar también muy emblemático de la ciudad, con otra persona que lleva conmigo muchos años, Susana Almarcha.

Aquella barra tiene un significado muy especial para mí, pues allí servimos el primer bocadillo y la primera Coca-Cola de nuestra historia. Y, además, porque lo hizo mi hijo Albert, que en aquel momento tenía diecisiete años y que ahora dirige la compañía conmigo.

Fue un punto de inflexión, algo histórico, el primer paso hacia lo que hoy en día es Enrique Tomás. De alguna forma, todo me había ido llevando hacia aquel modelo de negocio. Mis ganas de profundizar en el mundo del jamón me habían animado a potenciar la venta de este producto cuando todavía tenía sólo la parada del mercado de La Salut. La cantidad de jamones que vendía en aquella parada era desproporcionada para ser una tocinería. Y eso era porque estaba tan convencido de las bondades del jamón que no me costaba venderlo. Lo hacía con conocimiento y con la convicción de que estaba ofreciendo un producto extraordinario.

Al principio, algunas clientas sabían tanto como yo o más sobre el jamón, incluso me explicaban cómo conservarlo mejor, pero me esforcé mucho para estar a su altura. Aprendí dónde se elaboraba y cómo para poder explicarles en detalle qué calidades había, cómo se justificaba el precio de cada una, cómo había que consumir cada jamón para disfrutarlo al máximo, etcétera. Ese conocimiento, por cierto, es el que me llevó años más tarde, en 2013, a publicar un libro del que todavía me siento orgulloso: *Grandes mentiras sobre el jamón*.

Pero volvamos a ese momento, concretamente en 2006, en que abrimos la primera barra de degustación en el centro comercial de Les Glòries. Era un concepto que no existía y enseguida vi que tenía un potencial enorme. ¡Podía abrir cuarenta más como aquél! Lo que había empezado siendo una cadena de charcuterías con una presencia creciente del jamón entre su oferta, comenzó a transformarse en otra cosa: una cadena, todavía embrionaria, de jamonerías, o sea, establecimientos donde podías comprar jamón pero también consumirlo allí. Es decir, una tienda con degustación o una barra con venta de jamón, dos en uno, para que cada cliente hiciera lo que mejor le encajara... ¡O las dos cosas!

Mi radio de acción, como es fácil de comprobar con un mapa en la mano, era Barcelona y el cinturón metropolitano, especialmente este último: Badalona, Santa Coloma de Gramenet, L'Hospitalet, Cornellà, etcétera. Y si había un comunicador que mandara en este cinturón de poblaciones alrededor de Barcelona era el gran Justo Molinero, empresario y locutor, un amigo y un hermano para mí.

Inicié mi relación con Justo a finales de los ochenta. En aquella época ya tenía una charcutería en Badalona y otra en Santa Coloma, y empezaba a ver que mi futuro estaba en el jamón. Él me ayudó a crecer dándome a conocer a través de su emisora, Radio TeleTaxi. Además de organizar sorteos de jamones y otras actividades, promovimos la venta de jamones a domicilio. ¡Vendimos muchísimo! Y, sobre todo, pasé de su mano a ser una persona bastante popular entre cierto público de las poblaciones del cinturón industrial de Barcelona. Desde entonces hicimos camino juntos y me inspiré mucho en su capacidad de trabajo y superación.

Fue también una etapa en la que conocí a muchos artistas, principalmente del mundo de la música, y se fue configurando en mí una idea: que la música y el jamón forman una pareja increíble. Llamo a esto Jamón Pasión y lo llevo grabado a fuego desde entonces.

La relación con Justo fue más allá de lo estrictamente comercial y nos convertimos en buenos amigos, hasta el punto de que recientemente, en 2022, hizo de maestro de ceremonias de mi boda. Fue tan importante para mí que a veces digo que es un hermano grande, que no mayor. Hemos vivido muchísimas cosas juntos y todavía hoy tengo la suerte de poder disfrutar de su tiempo y su energía. Quizás no tanto como me gustaría, porque estoy muy centrado en la nueva etapa de expansión de mi empresa, pero siempre manteniendo el contacto y el cariño.

Junto con mis padres y hermanos es probablemente la persona que más me ha marcado. A nivel profesional, Enrique Tomás como empresa no se entendería sin Radio Tele-Taxi y sin Justo Molinero. Cuando había que apostar, Justo lo hizo. Y era un momento en que él estaba en la cima y le sobraban los anunciantes. Era ya todo un referente y se podía permitir escoger a quién daba espacio y a quién no. Creyó en mí y siempre le estaré agradecido.

De aquella primera época recuerdo una frase que me repetía a menudo: «Marca, Enrique, marca». Me animaba a construir mi marca por encima de todas las cosas. Le hice caso y me fue bien. Desde entonces siempre he invertido en construir marca. Sé que hay aspectos igualmente importantes, como la ubicación de las tiendas. En cierta ocasión, cuando a Amancio Ortega le preguntaron el secreto de su éxito, respondió que eran tres: «*Location, location* y *location*». O sea, en realidad es uno: la ubicación de sus tiendas. Y sin llevarle la contraria a este genio de los negocios, con el que me siento a menudo identificado, añadiría que en mi caso el secreto es sobre todo la marca.

Con Justo hablábamos también de la importancia de la estrategia, de «volar por debajo del radar». Esto también lo decía Julio Iglesias en su canción *Vuela alto*. Tienes que ir creciendo discretamente para que la competencia no te «vea» y, cuando finalmente te detecten, agitar las alas fuerte y subir mucho para que ya no te puedan alcanzar:

Aquí no regalan nada
todo tiene un alto precio.
Peldaño que vas subiendo
peldaño que hay que pagar.
Aquí hay que bailarlo todo
sin perder jamás el paso.
Te suelen soltar la mano
si ven que hacia abajo vas.
Vuela, amigo, vuela alto,
no seas gaviota en el mar.
Vuela, amigo, vuela alto,
no seas gaviota en el mar.
La gente tira a matar
cuando volamos muy bajo.

Volar alto. Un mensaje claro para alguien como yo, que siempre he querido volar.

4

Agosto, 2020

Me gusta mucho caminar. Desde hace años es una afición que practico a menudo, normalmente acompañado de buenos amigos. Me despeja la mente y me ayuda a pensar con más claridad. Uno de los recorridos que suelo hacer es el litoral de Badalona y el de Barcelona hasta llegar al hotel Vela, unos quince o veinte kilómetros, según desde dónde empiece y dónde acabe. También he hecho varios tramos del Camino de Santiago, una experiencia que siempre le recomiendo a todo el mundo.

Aquel mes de agosto de 2020, después de que a finales de junio nos abrieran las puertas y nos permitieran viajar, pensé que volver al Camino me iría muy bien. Llevaba desde mediados de marzo volcado en la misión de tratar de salvar la empresa y, aunque seguíamos vivos, todavía no las tenía todas. Continuábamos pendientes de un hilo. La restauración volvía a funcionar, pero con muchas limitaciones. Por ejemplo, si no tenías terraza no te salía a cuenta abrir, pues apenas permitían consumir dentro. Así que seguíamos vendiendo muy poco y no estaba claro que la cosa fuera a cambiar a corto plazo.

La idea de evadirme unos días y caminar sin mayor objetivo que acabar la etapa del día me pareció, dado lo que había vivido en los meses previos, un verdadero lujo y lo mejor que podía hacer en aquellos momentos. Aunque el verano no es la mejor época para recorrer el Camino, por la gente y el calor, era el único momento del año en que podía permitírmelo, así que se lo propuse a mis amigos Carlos Fernández, CEO de la productora española Filmax, y Miguel Pérez, gerente de Publimark, con los que ya había hecho un tramo. Se unió otro peregrino, Óscar, pareja de la sobrina de Carlos Fernández.

Si el viaje que había hecho en mayo para visitar a mis proveedores fue probablemente el más importante de mi vida, el que hice en agosto al Camino de Santiago fue seguramente el más revelador, y con esto me refiero a que tuve una especie de revelación que marcó mi futuro y el de la empresa.

Recuerdo que caminábamos por uno de los tramos más feos, una carretera de asfalto larguísima, cada uno a su ritmo y yo un poco separado del grupo. El Camino, para el que no lo conozca, son muchas horas andando, y durante esas horas te da tiempo de repasar muchas cosas. Hay momentos en que vas con alguien y vas hablando, pero muchos otros en que necesitas o quieres estar solo, o en que te das cuenta de que el otro necesita estar solo con sus pensamientos. Por tanto, tienes muchas horas para darles vueltas a las cosas. Y en aquel momento, como no podía ser de otra manera, muchos peregrinos íbamos pensando en cómo afrontar aquel tsunami que se nos había venido encima.

Recuerdo perfectamente el momento de la epifanía. Era por la mañana, muy temprano. Mi cabeza, aunque yo trataba de frenarla y no pensar, no podía dejar de dar vueltas a todo lo que había vivido en los últimos meses y de barruntar cómo salir de aquella situación tan jodida —con perdón— en la que seguíamos estando. Iba caminando y rumiando, tratando de relajar la mente pero sin lograrlo, cuando de pronto me vino la iluminación. No era la primera vez en mi vida que me pasaba algo así, que en medio del caos se hacía la luz. Y aquel día, a pesar del agotamiento mental y físico resultado de la tensión de los meses previos, se me iluminó la mente como si dentro de mi cráneo alguien hubiera encendido una bombilla de 1.000 vatios.

Entonces me planté en medio del camino y exclamé al aire: «¡Claro! ¿Cómo no se me ha ocurrido antes?». Sólo me faltó gritar ¡eureka! Los paré a todos y se me quedaron mirando con cara de «qué le pasa a este tío». Con el tiempo me confesaron que llegaron a pensar que me pasaba algo grave, de tan enajenado que parecía. Pero es que se me acababa de ocurrir la idea genial que nos iba a salvar.

Recordemos el contexto: en marzo había empezado el confinamiento y habíamos tenido que cerrar todos nuestros establecimientos en España... Menos los restaurantes del aeropuerto de Madrid, que curiosamente, dado que todavía había personas que necesitaban viajar para volver a su lugar de origen o porque no podían teletrabajar o por lo que fuera, estaban funcionando muy bien. La mayoría de los negocios de los aeropuertos, como las tiendas de ropa, de accesorios, de prensa, etcétera, habían tenido que cerrar, porque no eran considerados servicios de primera necesidad —comer sí que lo es, pero comprarse un souvenir o un periódico o un perfume, no—. Mantener un negocio cerrado durante meses, aunque AENA no les cobrara alquiler temporalmente, suponía para muchos de aquellos negocios tener que cerrar. Y eso, a su vez, era también un problema para AENA, que se quedaba con una serie de locales cerrados y sin saber cuándo podría volver a adjudicar su explotación a alguien.

Lo que se me ocurrió mientras caminaba y cavilaba bajo el sol todavía clemente de primera hora de la mañana de aquel día de agosto de 2020 fue que tenía que hacer una apuesta, y que la apuesta era ofrecerme a AENA como la solución a sus problemas. Aquellos negocios que tuvieran que cerrar se venderían a buen precio y aquellos locales que quedaran vacíos se licitarían igualmente a un precio inferior al de antes de la pandemia, porque el tráfico aéreo en aquellos momentos era muy escaso. Por tanto, tenía ahí una oportunidad increíble de negocio. Podía acceder a un buen número de locales en los aeropuertos de España a un precio que, cuando pasara la pandemia, se multiplicaría. Con menos coste, mi margen sería mucho mayor y me recuperaría antes. Además, podía convertirme en un socio de referencia para AENA de cara al futuro, pues les iba a ofrecer una solución a su mayor problema de aquel momento: la pérdida brutal de ingresos debida a los negocios que no podían mantener su presencia en los aeropuertos.

Lo vi tan claro como si se me hubiera aparecido la Virgen y así se lo conté a mis compañeros de peregrinaje aquella mañana, que en un primer momento me miraron como pensando «qué se ha fumado este tío», pero que después le fueron encontrando la lógica al asunto. Aunque también me advirtieron de los riesgos, que eran obvios: si el tráfico aéreo no se recuperaba nunca o tardaba mucho en hacerlo, yo me iba al fondo del mar sin remedio. La pandemia podía alargarse años y yo, que ya estaba en una situación precaria, cogida con hilos, podía hundirme mucho antes. Pero había que apostar por algo. Era una apuesta a rojo o negro. Y como ya he comentado, el principal cometido del empresario es tomar decisiones arriesgadas sin disponer de una bola de cristal que le permita ver el futuro, porque eso no lo tiene nadie. En los momentos clave, las decisiones son apuestas que pueden salir bien o mal. A veces salen bien, pero no por eso eres un genio. Y a veces salen mal, pero no por eso eres un idiota. Eres, sencillamente, alguien que toma decisiones con la información que tiene en cada momento. Éste es, precisamente, uno de los principales mensajes que quiero transmitir con este libro: ni los que aciertan son genios ni los que fallan son tontos... Volveré sobre esto más adelante.

El principal problema, como digo, era que, después de unos meses manoteando para mantener la cabeza fuera del agua, la situación financiera de mi empresa no era tampoco boyante, ni siquiera buena, y si quería comprar negocios de aeropuertos o acceder a licitaciones iba a necesitar recursos financieros. Pero la experiencia me decía que se podía negociar y que los recursos normalmente están ahí si sabes cómo y dónde buscarlos.

Visto con distancia, creo que una de las claves es que

tenía fe y esperanza en el futuro. Podía haberme equivocado, pero creía que la pandemia pasaría tarde o temprano... Y esperaba que fuera más temprano que tarde. Ésa era mi apuesta. No hacer nada y esperar era una sentencia de muerte con retraso.

Por tanto, no podía no hacer nada. Estaba vivo porque me estaban manteniendo las constantes vitales a base de rebajas en el alquiler de los locales, rebajas de mis proveedores en el precio de los jamones, ERTE y préstamos ICO que en algún momento tendría que devolver. Si no hacía nada, sólo era cuestión de tiempo que muriera, bien porque la cosa se alargaría demasiado y me quedaría sin oxígeno o bien porque saldría de la crisis tan debilitado que cualquiera podría comprarme por cuatro duros.

Si no hacía nada, moriría seguro; si hacía algo, podían pasar dos cosas: o me salvaba o moría antes. Y entre morir más tarde o morir antes, la diferencia no era muy grande. Además, yo tenía unos planes de crecimiento para la empresa y no renunciaba a ellos. Sabía que la pandemia los iba a retrasar, pero, aunque llegara más tarde a mis objetivos, quería llegar. Tenía un plan, y en ese plan ya contemplaba crecer en los aeropuertos, por lo que la idea era coherente. En realidad, aquella decisión podía suponer, si salía bien, crecer más rápido de lo que tenía previsto.

Dicho esto, ¿qué garantías tenía yo en aquel momento de que saliera bien? Ninguna. Cuando haces una apuesta de este tipo no hay garantías. Pero sabía una cosa: a lo largo de la historia ha habido grandes crisis económicas, algunas a nivel mundial, y al final siempre han pasado y ha vuelto la prosperidad.

Pasó con el crac del 29 y con la crisis del petróleo de los años setenta, por ejemplo. Y con otras tres crisis que yo ya había vivido como empresario: la burbuja de las puntocom a finales de los noventa, la de las Torres Gemelas en 2001 y, sobre todo, la crisis bancaria de 2007-2008, que salpicó a todos los sectores y causó una gran recesión a nivel mundial de la que tardamos años en recuperarnos. Después del atentando de las Torres Gemelas cayó estrepitosamente el tráfico aéreo... Pero sólo durante un tiempo. En 2019 se viajaba tres veces más que en 2001.

En algún lugar he leído que el cerebro humano tiene mucha facilidad para olvidar los malos momentos. Es como una estrategia mental para seguir adelante, como un recurso que nos ofrece la naturaleza para sobrevivir a las peores desgracias. Porque si no tuviéramos la capacidad de olvidar, no podríamos vivir. Por tanto, de alguna forma mi razonamiento era: «Vale, estamos mal, pero esto también pasará». Y vuelvo a repetir que no era ni soy un visionario. Por favor, que nadie interprete que estoy alardeando de que yo ya sabía lo que iba a pasar ni nada parecido. Simplemente es que para ser empresario tienes que confiar en que va a ir bien, y luego, si aparecen los problemas, que casi siempre aparecen, reaccionar.

Yo no sabía lo que iba a pasar, pero tomé una decisión. Y lo más importante: fui a muerte con ella.

Así que a la vuelta del Camino pedí una reunión con los directivos de AENA con los que solía hablar. Fui a verlos y les dije: «Mucha gente va a tener problemas. Y yo podría ofrecerles la solución». No fue exactamente con estas palabras, pero el mensaje era ése.

Encajaron muy bien mi ofrecimiento. En los meses siguientes gané varios concursos, pues éramos menos compitiendo. Además, amplié las prórrogas de los que tenía y de los que contrataba por primera vez. La idea era aprovechar aquel momento en que la mayoría estaban dudosos a la hora de licitar por los locales que quedaban vacíos o que salían a concurso por primera vez. Era el momento ideal, pues cuando volviera la normalidad, muchos otros jugadores entrarían en la subasta y los precios de licitación serían mucho más altos, de manera que quizás no podría entrar a competir, ya que había empresas que tenían mucho más músculo financiero que yo. Dicho de otra forma: un local a pie de calle podía contratarlo en cualquier momento, más caro o más barato, incluso en el paseo de Gràcia de Barcelona o en la Gran Vía de Madrid, pero los locales de los aeropuertos sólo se podían contratar cuando salían a licitación. Y en aquel momento no había apenas nadie que apostara por ir a esas licitaciones.

Si en situaciones normales ganaba una licitación de cada tres, en aquel momento el porcentaje aumentó. Pensé que era la coyuntura, una ventana de oportunidad que tal vez no se volvería a abrir. Me dije: «Enrique, ahora o nunca. ¡Vamos, vamos!».

Mucha gente optó por litigar con AENA para rescindir sus contratos alegando que la situación era excepcional y sus acuerdos se habían firmado en circunstancias normales. Nosotros, aunque al principio lo valoramos, decidimos que era más interesante aliarnos con ellos y ofrecerles soluciones en lugar de problemas. Al fin y al cabo, los trabajadores de AENA son seres humanos como todo el mundo, personas que en aquel momento estaban pasándolo muy mal y temían por sus puestos de trabajo. Y la pandemia también les estaba afectando en el ámbito personal, como a todos. En su caso, además, tenían que enfrentarse a los problemas que les planteaban sus clientes, gente como yo que a su vez teníamos nuestros problemas. Me consta que el estrés que sufrió el equipo de AENA en aquella época fue brutal.

Al final, lo que más se dio fueron locales que acababan la concesión y no querían renovar. Entonces, AENA sacaba la licitación y yo iba. Eran licitaciones que, de no haberme ofrecido yo, tal vez se habrían pospuesto. Fue el momento en el que compramos el contrato de tres puntos de la estación del AVE de Atocha y otro de Segovia de Adif gracias al gran trabajo de mi compañera Arancha Valverde.

Por supuesto, yo no quería que le fuera mal a nadie, sino que me fuera bien a mí. Si en aquel momento el gobierno no hubiera intermediado para mejorar la situación de algunos de mis competidores, a mí me habría ido mejor, pero yo no me permitía ese pensamiento. De hecho, si alguna vez aparecía, me santiguaba, que es lo que hago siempre que me vienen malos pensamientos a la cabeza.

Yo no le deseo mal a nadie, no quiero que le vaya mal a nadie para salir adelante. Lo que quiero es que me vaya bien por mis propios méritos, no por los deméritos o las desgracias de otros. Ni lo quiero ni lo necesito. Soy un tío feliz y afortunado, como me recuerda siempre la piedra del agradecimiento que llevo en el bolsillo.

La apuesta por los aeropuertos, no obstante, era arriesgada y tardamos bastante en descubrir si era acertada o no. Por lo pronto, en aquellos meses que siguieron a agosto de 2020, lo que hicimos fue buscar recursos debajo de las piedras para financiar la estrategia. Echamos mano de recursos propios y de bancos. Afortunadamente, llevábamos muchos años con beneficios y sin repartir dividendos, o sea, reinvirtiéndolo todo. Si a eso le sumas que nuestro volumen llevaba años subiendo y que siempre hemos cumplido, los bancos estuvieron dispuestos a ampliarnos el crédito.

Gracias a eso pudimos sostener aquella apuesta, pero a base de aportar recursos propios y de endeudarnos mucho, lo cual era muy arriesgado. Y, lógicamente, me preocupaba y me estresaba.

2009-2012

Como apuntaba en el capítulo anterior, la pandemia no fue la primera gran crisis que viví como empresario. La anterior, que empezó en 2008 en todo el mundo pero que comenzamos a sentir fuerte en 2009, también fue muy dura.

En los años previos habíamos crecido mucho. Aquella pequeña charcutería del mercado de La Salut se había multiplicado, como en el milagro de los panes y los peces, pero no gracias a algo extraordinario, sino al esfuerzo, la pasión y la fe del gran equipo de personas que había logrado reunir a mi alrededor. Si algún gran acierto tuve en las dos décadas que habían pasado desde la apertura de la primera tienda fue darme cuenta de que no podía crecer si no me rodeaba de personas competentes, emprendedoras, trabajadoras y dispuestas a apostar por el proyecto. Como reza un conocido proverbio africano, «si quieres ir rápido, camina solo, pero si quieres llegar lejos, camina acompañado». Yo siempre he sido un poco impaciente, pero antes que ir rápido prefería llegar lejos.

Hubo un momento, después de las primeras aperturas en Badalona y Santa Coloma, en que me di cuenta de que no podía crecer todo lo que deseaba si no me asociaba con otras personas. Fue así como, además de abrir establecimientos propios, empecé a compartir el negocio. Eso sí, de una manera muy personal, pues sólo estaba dispuesto a asociarme con personas que, además de contar con los recursos, también me inspiraran mucha confianza. Al fin y al cabo, como ya he apuntado en las páginas anteriores, la empresa lleva mi nombre y no podía (ni puedo) permitirme que lo utilice cualquiera. Crecer sí, pero hombro con hombro con personas que entendieran la esencia de Enrique Tomás, que la respetaran y que estuvieran dispuestas a trabajar al máximo para engrandecerla.

Con la apertura en 2006 de la primera barra de degustación en el centro comercial Les Glòries de Barcelona empezamos a dar un salto muy significativo hacia un modelo de tienda diferente. A partir de aquel momento comenzamos a transitar desde un modelo de charcutería más o menos tradicional al de jamonería, en concreto un tipo de jamonería donde poder comprar nuestro jamón para llevar o consumirlo al momento. No cambiamos de un día para otro, por supuesto, sino que fue una evolución apoyada en mi convicción de que el jamón ibérico era un producto ganador y que de alguna forma teníamos que centrarnos en él para ponerlo en valor, darlo a conocer y promover su consumo, algo que no estaba haciendo nadie.

Hoy en día se habla mucho de que las *start-ups* tienen que ir encontrando su nicho a base de prueba-error, pero eso es algo tan antiguo como el comercio. Los primeros fenicios seguro que llevaban en sus barcos todo tipo de productos para ver cuál gustaba más en cada puerto del Mediterráneo en el que recalaban. Nosotros también fuimos haciendo pruebas hasta que dimos con aquel concepto de establecimiento y lo afinamos.

Después de comprobar, en el centro comercial Les Glòries, que la fórmula de la barra de degustación con venta funcionaba, apretamos el acelerador. El éxito de aquel concepto marcó el futuro de la empresa en los siguientes años y me planteé un ambicioso plan de crecimiento. Abrimos establecimientos similares en varias ciudades, algunas propias y otras franquiciadas. Nos pareció que la forma más clara de crecer era la franquicia, pues nosotros teníamos el *know how* ('saber hacer') y otros estaban dispuestos a aprovecharlo y pagar por él. Aplicamos aquella famosa frase de «la tienda para el que atiende». Con el tiempo, después de abrir una treintena de franquicias, me di cuenta de que no es realmente el mejor modelo para crecer mucho, pero ésa es otra historia sobre la que volveré más adelante.

El caso es que, cuando estábamos en plena expansión, estalló la crisis mundial de 2008, igual que pasaría años después, en 2020. Pero ni en un momento ni en el otro me cuestioné mis ambiciones, mi aspiración de seguir creciendo y hacer algo grande. El niño y el joven que había sido, y que en cierta forma seguía siendo, no iban a renunciar a su sueño.

En los años siguientes al estallido de la crisis, mucha gente lo pasó mal. A nosotros nos afectó, como es normal, porque cuando las familias tienen que reducir gastos, comer fuera de casa o comprar jamón del bueno son dos cosas de las que se puede prescindir. No obstante, yo estaba convencido de que íbamos a salir adelante y no quería renunciar a crecer. Las recesiones globales no afectan por igual en todas partes ni a todos los negocios. A menudo están más en nuestra cabeza que en la realidad. De hecho, los grandes cambios muchas veces se producen en épocas de crisis, pues también son, como es sabido, oportunidades para aquellos que se atreven a aprovechar la coyuntura.

Eso decidí yo: aprovechar el momento para seguir creciendo, y así se lo comuniqué a la gente de mi empresa. En 2009 elaboré un documento que entregué a mis trabajadores donde les explicaba el momento que estábamos viviendo como empresa y donde les anticipaba lo que íbamos a hacer en los siguientes años y lo que iba a pasar —«Dónde estamos y hacia dónde nos dirigimos», se titulaba—. Una vez más, no es que yo fuera un visionario, sino que tenía mucha fe en mi proyecto, en mi equipo y en nuestra capacidad de crecernos ante las adversidades.

¿Qué decía aquel documento de 2009?

Empezaba con una frase que parece un trabalenguas, pero en la que creía firmemente (y sigo creyendo): «Somos lo que somos gracias a los que estamos. Y estamos orgullosos de ser quienes somos». Era una forma de recordarles a todos que ya llevábamos un camino hecho del que podíamos sentirnos orgullosos. Algunas personas de las que leyeron aquel dosier y me escucharon cuando se lo presenté llevaban conmigo desde prácticamente los inicios. De hecho, algunas de ellas llevan conmigo, hoy en día, treinta y cinco o cuarenta años, como mi querido José Luis Mendo, que está conmigo prácticamente desde mis inicios, o Rosario Ruiz Montero, la Rosi.

En aquel momento seguíamos ofreciendo toda variedad de productos ibéricos en nuestras tiendas, pero ya con un producto estrella, el jamón. A su alrededor habíamos creado una serie de servicios bastante innovadores. Por un lado, el servicio «No te cortes», del que ya he hablado, y la venta a domicilio, que en 24-48 horas llevaba el pedido a casa del cliente sin coste adicional. Por otro, vendíamos bocadillos recién hechos para llevar. No es que inventáramos el bocadillo de jamón, claro, pero sí nos diferenciábamos de la competencia en precio, tamaño y calidad. Era un servicio dirigido a personas que no tenían tiempo de prepararse el bocadillo para llevárselo al trabajo o para que los niños se lo llevaran al colegio. Hacíamos todo lo necesario para ofrecer al público nuestro jamón en todas sus formas posibles: en bocadillos, al plato, entero, cortado... Y, sobre todo, le garantizábamos la calidad. Les ofrecíamos lo que llamábamos «garantía real»: si no les gustaba el jamón que se llevaban a casa, se lo cambiábamos al instante. Por último, teníamos las barras de degustación Enrique Tomás, que se estaban revelando como la evolución natural de nuestro negocio. Ya en el documento aventuraba: «Estas barras serán pronto la reputación del grupo». En ellas ofrecíamos una variada carta de platos listos para su consumo, lo que les permitía probar en la barra el jamón que luego se iban a llevar a casa. Una de las grandes ventajas de aquellas barras era —y sigue siendo— que funcionaban durante todo el día: a la hora del desayuno, de la comida, de la merienda o de la cena.

En aquel documento les adelantaba que en los siguientes años íbamos a poner en marcha nuevos proyectos para llevar la empresa a destinos no sólo nacionales, sino también internacionales. Algunos pensaron que apuntaba demasiado alto y me iba a estrellar, o que se me había subido el ego a la cabeza. Lo cierto es que llevaba tiempo gestando en mi mente todos aquellos proyectos y moviendo los hilos para hacerlos realidad. No era nada descabellado, como se ha demostrado con el tiempo. Y eso que todavía estamos al principio del camino de lo que creo que puede ser Enrique Tomás.

Acababa aquel documento de 2009 con una especie de declaración de principios y de intenciones: «Siempre creí que el éxito consiste en conseguir tus propósitos sin pisar a los demás. Aun así, el camino es largo y no siempre llegan al final los que comenzaron. Por ello te digo que mi mayor ilusión sería que nuestra empresa sea el vehículo que nos lleve a donde queremos llegar, tanto en lo profesional como en lo económico, y de esta forma conseguir nuestro propósito personal. Si alguna vez pensaste: "¿Cuándo pasará mi tren?". Te digo: AHORA». Y remataba con una de mis expresiones favoritas de la época, que me servía para darme ánimos cada día, especialmente en los momentos difíciles: «¡¡Pa'lante!!». Me emociono cuando releo y transcribo esto, sobre todo porque, casi quince años después, podría volver a suscribir las mismas palabras. Siento que he sido coherente y eso me hace sentirme doblemente satisfecho de lo conseguido hasta hoy.

Por cierto, hay algo importante que tiene que ver también con lo que expresaba en aquel documento. Se trata de algo que tengo claro y que quiero expresar con rotundidad: si para conseguir tus sueños necesitas a otras personas, ocúpate de que ellos cumplan los suyos. De otra manera no te podrán ayudar.

Aquel documento planteaba seguir creciendo y así lo hicimos en los siguientes años a pesar de una coyuntura económica que no parecía favorable. Pero, como decía allí, contábamos con los recursos suficientes, habíamos estudiado el mercado, conocíamos las vías para seguir creciendo y contábamos en nuestra estructura con personas cualificadas, grandes profesionales del sector con ganas de asumir nuevos retos.

En 2009 abrimos en el MaxiDia de Esparreguera —después de llegar a un acuerdo con los supermercados Dia para introducir «jamonerías *superdelicatessen*»— y en el centro comercial L'Ànec Blau de Castelldefels, con Raquel Viera.

En 2010 seguimos creciendo en centros comerciales, concretamente en los de Vilamarina (Viladecans), con Dani y Fina Barreiro; La Maquinista (Barcelona), con Camila Mendo; y Barnasud (Gavà), con Alberto y Carol Mudarra.

En 2011 abrimos en el centro de Barcelona —calle Ferran, con Anna Fernández, y calle del Pi—, y en los centros de Santa Coloma —calle Irlanda, con Sergio Zafra— y Gavà —calle Sant Pere—. También crecimos en otros centros comerciales: Montigalà (Badalona), con Marcelo Bermejo; Las Arenas (Barcelona); Punt de Montcada (Montcada i Reixac); Carrefour Cabrera de Mar y Carrefour Terrassa. También abrimos en varias líneas del metro de Barcelona.

Y en 2012 alcanzamos varios hitos. Además de las nuevas aperturas en la avenida Diagonal de Barcelona, en la Rambla de Sabadell y en el centro comercial Via Sabadell, abrimos nuestra primera tienda fuera de Cataluña, concretamente en el centro comercial Puerto Venecia de Zaragoza, con Ramón Gutiérrez. Esto marcó el inicio de nuestra expansión al resto de España.

También abrimos nuestra primera tienda-escuela, situada en la calle Pelayo de Barcelona, con Manuel Mendo; presentamos en sociedad, en el hotel Palace, nuestro jamón más exclusivo, Glamurós; dimos de alta la tienda online y organizamos el primer Jamoneando, con un concierto de Isabel Pantoja que llenó el Palau Sant Jordi.

Quería ponerle nombre al jamón en el mundo. Era el momento de ensanchar mis fronteras y ampliar mis horizontes.

5

Octubre, 2020

A los de mi generación nos han criado repitiéndonos, de manera implícita o explícita, un mensaje: que «los hombres no lloran», sino que pelean, que tienen que ser fuertes y aguantar lo que venga con entereza y sin desfallecer. Eso tiene una parte buena, pues a algunos nos ha convertido en individuos luchadores que no nos rendimos fácilmente, o sea, en personas resilientes, como se dice ahora. Pero también tiene una parte mala, por así decir: que no nos permite sentirnos vulnerables y mucho menos mostrar a los demás esa vulnerabilidad o pedir ayuda cuando la necesitamos. Nos tragamos los problemas y ponemos buena cara a todo el mundo.

En mi caso, hace tiempo que decidí que si en algún momento me emociono o se me saltan las lágrimas, no me voy a reprimir. Me muestro como me siento y al que no le guste que mire para otro sitio. Ahora bien, no puedo evitar, porque así lo tengo grabado en el cerebro desde pequeño, la tendencia a ser yo siempre el fuerte, el que tira del carro, el que ofrece consuelo o apoyo a mi gente cuando lo necesitan, el que da energía a los demás. Y, en el sentido contrario, yo no la pido cuando la necesito. Dicho de otra forma: siempre intento solucionar los problemas de los demás, pero me como con patatas los míos.

La pandemia, que trajo cosas terribles, también me enseñó una lección importante: que tengo gente a mi alrededor dispuesta a ayudarme y a apoyarme si me hace falta. La aprendí, como casi todas las lecciones importantes de la vida, con dolor. Fue en octubre de 2020, un momento realmente crítico, de los peores de mi vida. A pesar de que algunas restricciones se habían suavizado y de que había apostado por la estrategia de crecer en los aeropuertos, seguíamos en la cuerda floja. Aquel mes, en parte por el cansancio acumulado y en parte porque no se veía el final del túnel —las oleadas se sucedían unas a otras y los medios no paraban de lanzar noticias catastrofistas—, toqué fondo. Confieso que hubo un momento en que pensé que había llegado el final. «Hasta aquí, creo que hemos llegado hasta aquí —pensaba antes de irme a dormir—. Qué pena, después de tanto esfuerzo, de tanta ilusión, de tantas personas implicadas en el proyecto.»

Ahí, en el momento de mayor debilidad de mi trayectoria como empresario y quizás también como persona, tuve que afrontar otro reto: mi hija Núria se casaba el 23 de octubre y me pidió que pronunciara un discurso en su boda. Le dije que sí: «Por supuesto, mi niña». Pero por dentro pensaba: «Dios santo, ayúdame a que nadie se dé cuenta de cómo me siento, a que sea un día alegre, de celebración».

La verdad es que no estaba para discursos en público ni

para nada. No estaba bien ni física ni mental ni económicamente. Incluso había cogido unos kilos de más por los nervios y por no tener tiempo ni ánimo para hacer deporte. Lo que yo quería era esconderme, aunque sólo fuera por una vez en la vida. Yo, que siempre daba la cara, desde que empecé con la charcutería con apenas dieciséis años, quería desaparecer del mapa, encerrarme en mi casa o irme al país más remoto de la Tierra. Cualquier cosa menos ponerme delante de un grupo de personas, muchas de las cuales me conocían, y que se dieran cuenta de lo triste y hundido que estaba. Porque de verdad que en aquel momento pensaba que todo se iba al garete, que íbamos de cabeza al crac y que se había terminado mi historia como empresario.

También es verdad que no sentía miedo, lo juro, porque en realidad necesito poco para vivir y ya tenía prácticamente todo lo que necesitaba. Lo que sentía era una inmensa tristeza. Lo tengo así anotado en mi diario de aquellos días: «Pena mucha, miedo ninguno». Me parecía una misión imposible disimular aquella tristeza delante de los invitados. Nunca me habían faltado palabras a la hora de hablar en público, pero en aquellos momentos sentía que no había palabras suficientes para tapar tanta desolación.

En agosto había tomado una decisión arriesgada: apostar por los aeropuertos e invertir en nuevos locales. Pero era una apuesta a largo plazo, claro. Sólo habían pasado dos meses desde que la tomé y todavía no se podían ver los resultados. Es más, de momento todo eran gastos. Me había hipotecado hasta el límite de lo asumible, o incluso un poco más, porque tenía confianza, pero las noticias que llegaban día sí y día también eran para desanimar al más optimista. Ya se hablaba a finales de octubre de que se nos venía encima otra oleada y otro cierre completo para Reyes de 2021. Las Navidades eran nuestra época más fuerte en ventas de todo el año, pero si a la gente le decían que iban a cerrarlo todo para Reyes, lo normal era que fueran cautos y gastaran poco en Navidad, porque no se sabía lo que podía alargarse el nuevo cierre. Así que, cuando parecía que empezábamos a levantar un poco la cabeza, nos amenazaban con cortárnosla otra vez.

Mis decisiones de todo 2020 las había tomado con la esperanza de que la cosa mejorara, pero esa mejora no llegaba ni se veía en el horizonte cuándo iba a llegar. Yo creo que fue eso lo que me desanimó: que después de unos cuantos meses de lucha, de negociar a cara de perro con todo el mundo, de buscar financiación debajo de las piedras, de estrujarnos la imaginación para ver cómo podíamos vender y de llevarnos sustos casi todos los días, el futuro esperado seguía sin llegar. Cada día de las últimas semanas me repetía: «Venga, va, ya está. Esto ya está, ahora lo van a abrir todo y vamos a volver a la normalidad». Y tomaba decisiones pensando que sería así. Pero no sólo no llegaba ese momento, sino que la perspectiva era un nuevo confinamiento en breve.

En ese contexto, me vi en una situación que nunca pensé que viviría y que también me producía mucha tristeza: tener que echar a gente a la que apreciaba por falta de trabajo. Jamás en mi vida había despedido a alguien por este motivo. Sí por otros: porque la persona no estaba respondiendo a lo que yo esperaba o no estaba cumpliendo o no le ponía ganas o lo que fuera. Pero nunca por falta de trabajo... Hasta aquel momento.

Despedir a alguien porque no tienes trabajo que darle no sólo es triste, sino que además te supone un gasto en forma de indemnización. Un desembolso más que restaba en el balance, pues apenas había entrada de dinero. Una cifra más que incrementaba mi sensación de que avanzábamos sin remedio hacia el precipicio, pues llovía sobre mojado. Aun así, no me dejé llevar del todo por la sensación de desastre y mantuve en plantilla a todas las personas que consideraba necesarias para el crecimiento de la empresa, pues la esperanza, como reza el dicho, es lo último que se pierde.

Así que llegué agotado a aquel 23 de octubre, pero pensando que tenía que disimular como fuera, porque si yo me venía abajo, mucha gente también lo haría. Yo era y soy un sostén para mi entorno, para la familia y para los empleados de mi empresa, que son una segunda familia. Si ellos me veían derrotado podían preocuparse más todavía en medio de una situación social y económica que ya era muy preocupante para mucha gente. Además, aquél era un día de celebración y lo que más deseaba en el mundo era que mi hija disfrutara al máximo de su boda y fuera especialmente feliz aquel día.

No sé cómo lo hice, pero conseguí reunir la entereza necesaria para coger el micro y pronunciar el discurso como si no pasara nada, como si la vida se redujera a aquel día y a aquella felicidad compartida. Todo el mundo aplaudió y mi hija se casó y disfrutó de su día. Misión cumplida.

Pero una cosa es disimular en público y otra es hacerlo dentro de tu casa. Eli, mi mujer, se daba cuenta de que la situación en mi empresa se deterioraba más y más. Cada día me veía peor y me preguntaba «qué te pasa». Y yo le explicaba lo mínimo, porque no quería preocuparla. Pero era inevitable que se enterara de algunas cosas.

Su caso era diferente, pues ella se dedica al mundo de la estética y por fortuna su sector fue de los primeros que abrió después del confinamiento y remontó. Su clínica estaba funcionando muy bien.

Creo que llegó un momento en que vio que mi salud se estaba resintiendo y que estaba cayendo en el desánimo. Aunque ella es más joven que yo, también es empresaria y sabe de qué va esto de gestionar un negocio, y se dio cuenta de que la cosa estaba peor de lo que yo le contaba. Hasta que un día no pude más y, ante su insistencia, le expliqué lo que había. No entré en el detalle de los números, pero le expliqué por encima la situación. Y le conté lo triste que me sentía al ver que el esfuerzo y la ilusión de casi cuarenta años se podían quedar en nada. Y no únicamente eso: también lo solo que me sentía por no poder compartir aquella tristeza con nadie; por tener que tirar de todo el mundo para adelante a todas horas; por decirle a todo el mundo «tranquilos, no pasa nada» cuando estaba sufriendo por dentro y en silencio al ver que la cosa empeoraba por momentos; por tener que darle energía a toda la gente que me llamaba para contarme sus problemas cuando apenas me quedaba ya a mí para afrontar los míos.

Ella, en un momento que recordaré siempre, me dijo: «No sé por qué estás preocupado, porque con lo que yo gano hay para todos. No estás solo, estoy contigo». ¡Dios mío! Creo que nunca me he sentido más vulnerable en mi vida. ¡Y más agradecido! Porque yo no tenía miedo de arruinarme —siempre he sido una persona austera, capaz de vivir con poco—, lo que me estaba arrastrando al pozo era la sensación de estar solo ante el peligro, de tener que mostrarme siempre fuerte para los demás. Y sentir el apoyo de Eli, su fortaleza y su amor, su confianza en mí y su entrega, me emocionó profundamente (gracias una vez más, Eli, te admiro y te amo).

Aquello fue como un empujón hacia arriba que me sacó del bache. También ayudó mucho otro gesto que nunca olvidaré, el de mi querido amigo Ismael Villalobos, empresario y fundador de La Casa de las Carcasas. Nos llamábamos a menudo en aquella época para saber el uno del otro, pues ya éramos muy amigos, y para preguntarnos por los negocios respectivos. Uno de aquellos días de finales de 2020 lo llamé y la conversación fue más o menos así:

—¿Cómo vas, Ismael?

—Yo bien, tío, en cuanto salimos del confinamiento he vuelto a vender como antes. ¿Y tú?

—Mira, voy jodido. No paran de decir que aprovechemos ahora porque después de Reyes cerrarán de nuevo. Así que estoy jodido, tío.

Al día siguiente me volvió a llamar. Sólo me dijo una cosa:

—Enrique, tío, aquí me tienes para lo que necesites, ¿vale? Y estoy hablando de dinero.

Se me hizo un nudo en la garganta, pero al cabo de unos segundos pude contestarle:

—Gracias, tío, no es necesario, pero gracias.

Muchas personas me llamaban en aquellos meses para charlar sobre la situación o para ver cómo podíamos apoyarnos mutuamente, para preguntarme qué arreglo me había hecho tal centro comercial o cómo estaban negociando con los proveedores. Pero ninguno había hecho lo que hizo Ismael, ofrecerme ayuda económica sin condiciones, seguramente porque no podían. Y sé, porque lo conozco y porque es una bellísima persona, que no lo decía por decir y que no habría dudado ni un segundo en dejarme el dinero que le hubiera pedido.

Todavía hoy, cuando lo recuerdo, se me saltan las lágrimas...

Dicen que la peor enfermedad es la soledad, y estoy seguro de que es cierto. Afortunadamente, en aquellos momentos de tanta dificultad sentí que no estaba solo. Yo, que había sido y seguía siendo sostén para mucha gente, podía relajarme un poco porque sabía y sentía que tenía a alguien detrás. Podía mostrarme vulnerable y apoyarme en algunas personas cercanas como Eli e Ismael. Dos personas, por cierto, mucho más jóvenes que yo.

2013-2014

Una de las satisfacciones más grandes de un emprendedor es comprobar que su apuesta por un producto o por un servicio es bien acogida por los clientes. Aun así, eso no sucede de pronto ni de un día para otro. La imagen idealizada del empresario al que se le enciende una bombilla y de pronto se hace millonario es falsa. El éxito del empresario se parece más al de un investigador o un inventor, que imaginan algo y luego van haciendo prueba-error hasta que dan con una cosa que funciona. Muchos desisten y se quedan por el camino, porque normalmente hay que cosechar muchos fracasos hasta dar con algún éxito.

En mi caso, empecé con un negocio que no era particularmente innovador, una charcutería. Mis padres ya habían tenido una, y antes y después de ellos muchos otros emprendedores, incluidos algunos de mis hermanos mayores. Pero siempre he tenido la inquietud de hacer cosas nuevas, y eso fue lo que me llevó a profundizar en el conocimiento del jamón, particularmente el jamón ibérico. Ahí sí que hubo ya una apuesta, una prueba que al cabo de poco vi que funcionaba. Era una apuesta arriesgada, pues los gustos de las personas van cambiando y especializarse en un solo producto es un poco como poner todos los huevos en la misma cesta.

Cuando ya vi que el jamón ibérico tenía mucho recorrido, otra apuesta fue crear las barras de degustación. De nuevo ahí pude experimentar esa satisfacción del emprendedor que ve cómo la idea que imaginó en su mente se concreta en algo físico y, sobre todo, en la satisfacción de los clientes. Ésa es una sensación que vale más que el dinero que puedes ganar en un negocio. Es la satisfacción de que ha valido la pena todo el esfuerzo, todas las noches sin dormir, todos los errores cometidos, todos los miedos y todos los riesgos.

En 2013 ya tenía claras dos cosas: que especializarme en un producto como el jamón ibérico había sido un acierto y que el modelo de local con barra de degustación y venta funcionaba bien. No sólo había abierto locales propios, sino también con socios o franquiciados. Algunos iban mejor y otros peor, dependiendo de la zona donde se encontraba o de las personas que estaban al frente, pero en general funcionaban y se habían convertido en un modelo de negocio consolidado. ¿Y qué hace un empresario cuando confirma que su apuesta es un éxito y tiene un modelo de negocio consolidado? Lo único que puede hacer: crecer.

Aquel 2013 fue un año de una expansión brutal. Habíamos salido reforzados de la gran crisis de 2008 y habíamos culminado un primer proceso de expansión por Cataluña, especialmente por Barcelona y su área metropolitana. Ahora tocaba dar el salto a la capital del Estado. El siguiente reto se llamaba Madrid.

Núria se trasladó a la capital junto con un amplio equipo de catorce personas, entre ellas mi sobrina Marta Tomás, que empezó a trabajar en la empresa. Abrimos tres tiendas: una en Preciados, otra en Tetuán y la tercera en la calle de la Cruz. Todo eso sin dejar de expandirnos en Barcelona, donde abrimos en la popular calle Argenteria, en la plaza de la Bonanova, en Santa Anna (con Joan Casanova), en Poblenou y en la calle Villarroel, y ampliamos nuestra presencia en los centros comerciales de La Maquinista y Las Arenas; y en el resto de Cataluña: Vilanova i la Geltrú, Mataró y Sant Cugat. Ya no estábamos sólo en el cinturón de Barcelona, donde se concentraba gran parte de la inmigración que había llegado en los sesenta y setenta, sobre todo, sino también en zonas de alto poder adquisitivo como Sant Cugat. Yo seguía siendo un joven de Badalona que había empezado con dieciséis años, pero la empresa se estaba convirtiendo ya en algo con vida propia, como un hijo que crece en un entorno diferente al tuyo, se relaciona con otro tipo de personas y empieza a desarrollar su propia forma de estar en el mundo. De alguna manera, así lo vivía: tenía dos hijos de carne y hueso, Núria y Albert —Eric llegó después—, y uno en forma de SL que absorbía la mayor parte de mi tiempo y de mi energía, especialmente en aquellos momentos de gran expansión. Nuestra familia de empleados había aumentado hasta las trescientas personas.

Ese «hijo» estaba creciendo y necesitaba «ropa» nueva. Por ese motivo, cambiamos la imagen de nuestras tiendas y creamos una mascota que de alguna forma le ponía cara y ojos: Jamonete. Al mismo tiempo, el hijo desarrolló nuevas inquietudes, pues se sentía fuerte y quería hacer cosas nuevas. Pusimos en marcha diferentes proyectos e iniciativas, algunas con más éxito y otras con menos. Por ejemplo, el servicio de eventos funcionó bien y se convirtió en parte fundamental de nuestra empresa. También ampliamos nuestra gama de productos con el pack «1 Kg de Jamón», el «Travel Pack», el «Jamón CeroZero» y los bocadillos de jamón sin gluten, entre otros. Y llegamos a un acuerdo con la cadena de distribución de películas Cinesa para ofrecer en sus cines conos de tacos de jamón como alternativa a las palomitas.

Mi cabeza bullía cada día con ideas nuevas. Muchas no las podía llevar a la práctica, pero me las apuntaba para más adelante. Lo hacía a mano y en libretas, como sigo haciendo hoy en día. No es que me lleve mal con la tecnología. Soy un forofo del móvil y uso habitualmente un iPad, además del ordenador. Pero hay cosas para las que prefiero el bolígrafo y el papel. En eso soy un poco tradicional.

Aquel 2013 fue un año muy intenso, entre otras cosas porque con el crecimiento pasó una cosa: de pronto todo el mundo nos invitaba a estar presentes en todo tipo de foros o debates. Participamos en debates sobre empresa y emprendimiento como el Afterwork de APD Barcelona, la 5.ª Jornada Emprendedora y Numintec. Además, empezamos a recibir todo tipo de reconocimientos, como el Premio PIMEC «al comercio más competitivo de 2012». Y fuimos la empresa miembro de Comertia —la asociación catalana de la empresa familiar del *retail*— con mayor crecimiento.

Una anécdota curiosa de aquella época sucedió cuando fui a dar una conferencia para APD Barcelona en el Palacio de Congresos. Estaba rodeado de auténticos primeras espadas como Risto Mejide, Santiago Dexeus y Jaume Guardiola, por aquel entonces CEO del Banco Sabadell. Me insistieron tanto en que fuera breve y me ciñera a los doce minutos previstos que cuando habían pasado sólo cuatro ya había dicho todo lo que tenía que decir. Me quedé un momento en blanco y salí del apuro como buenamente pude.

Sólo una semana después intervine en el congreso de AECOC y el público valoró mi conferencia como una de las mejores de esta importante asociación empresarial española. Y es que, como dijo en público Risto Mejide, al que agradezco sus palabras, no soy de los que se esconde después de un fallo, sino que me lo tomo como una oportunidad para superarme.

Un gran logro fue la publicación de mi primer libro, que ya he mencionado, *Grandes mentiras sobre el jamón*. Tenía cuarenta y seis años, por tanto todavía era joven, pero ya llevaba treinta despachando jamón y aprendiendo sobre sus diferentes tipos y calidades. Me consideraba un experto en jamón ibérico, quizás el mayor de España, que es como decir del mundo. Sabía lo suficiente como para aclarar conceptos y empezar a hacer una labor divulgativa a través de un libro. Un trabajo, dicho sea de paso, difícil, porque en España el jamón es como el fútbol: todo el mundo cree que entiende, pero a la hora de la verdad sólo unos pocos están verdaderamente cualificados.

Me di cuenta de que seguía habiendo mucha confusión con la terminología: que si el Jabugo es el mejor, que si el pata negra, que si el de bellota... Mucha gente no sabía realmente de qué hablaba. Habían oído campanas, pero no habían subido nunca al campanario. Desconocían la importancia de la raza del animal, la clasificación en función de la alimentación, las zonas donde se curaban los jamones, las denominaciones de origen, etcétera. Incluso había quien no sabía diferenciar entre un jamón y una paletilla.

Tampoco se sabía cómo conservarlo y consumirlo adecuadamente. Hay que tener presente una cosa: el mejor jamón del mundo mal conservado y mal servido puede ser un mal producto, mientras que un jamón regular pero bien cuidado, bien cortado y bien servido es un buen producto. No me canso de repetirlo desde hace décadas: un buen jamón cortado con esmero es mucho mejor que un jamón excelente cortado de cualquier manera. El corte es todo un arte.

También existía cierta creencia generalizada de que el jamón ibérico es un producto al alcance sólo de familias pudientes. Y no es así. Nosotros demostramos que se puede disfrutar del producto con independencia del tamaño de tu bolsillo.

El libro sirvió para varias cosas. Primero, para desmentir todas estas falsas creencias. Segundo, para realizar una tarea de divulgación y contribuir a que se conociera y apreciara más este producto único en el mundo, que los españoles tenemos el privilegio de producir y disfrutar antes que nadie. Explicaba incluso algunos detalles sobre cómo consumirlo. Por ejemplo, si está en un sobre guardado en la nevera, hay que sacarlo un rato antes de consumirlo para que se atempere y libere todo su sabor. Y tercero, y no menos importante, para reforzar nuestra imagen de marca como expertos en jamón ibérico.

El libro, que se vendió muy bien, y las entrevistas que me hicieron a raíz de su publicación contribuyeron, en definitiva, a que se entendiera de una vez que el jamón ibérico no es un producto exclusivo al que sólo pueden acceder unos pocos privilegiados y que es posible encontrar jamones de diferentes calidades y precios. No es un producto de lujo, sino un lujo de producto. Y a que se entendiera también que un jamón, para ser un buen jamón, tiene que dar placer. Y a partir de ahí, debe tener un precio ajustado a su calidad y al grado de placer que proporciona.

2014 marcó otro gran hito para la empresa: abrimos nuestra primera tienda en Londres, ni más ni menos que en el famoso barrio del Soho. Desplazamos allí a mi sobrina Laura Gomis Tomás, a su pareja Diego y a cinco personas más. La apertura supuso el inicio de nuestro proceso de internacionalización y un nuevo logro para aquel chaval salido del modesto barrio de La Salut de Badalona. Por cierto, no puedo dejar de nombrar aquí a Luz Marina Rodríguez Torres, Luzma, que fue imprescindible para alcanzar este hito.

La elección de Londres para dar este importante paso no fue casual: es una plaza exigente y nos pareció que si sabíamos hacerlo bien allí, lo sabríamos hacer bien en el mundo entero. Luego, con los años, se sumaron Italia, Francia, Andorra, México, Argentina, Perú, República Dominicana, Estados Unidos, Japón, etcétera.

En España seguimos creciendo, con una tienda en Palma de Mallorca y dos más en Madrid: en el centro comercial Carrefour Cuatro Caminos y en la glorieta Emperador Carlos V. En Barcelona ampliamos nuestra presencia en el centro comercial Les Glòries y en el de Barnasud, además de abrir otros establecimientos que no enumeraré para no aburrirte. Sí que daré un dato que en su momento me hizo especial ilusión: después de abrir en un local donde antiguamente estaba ubicado el bar Mari Bárbola, todo un símbolo en Barcelona, alcanzamos la cifra de seis tiendas en la avenida Diagonal, la principal arteria de la Ciudad Condal, con tiendas repartidas en toda su longitud. Se podría decir, de alguna forma, que habíamos «conquistado» Barcelona. Sólo nos faltó abrir un espacio en el mítico parque de atracciones del Tibidabo, en la zona del Mirador, la parte con mejores vistas a la ciudad, donde seguimos presentes y esperamos crecer en breve.

Siempre he tenido claro que en cualquier negocio, como en la vida, o te renuevas o mueres. Por eso, además de ir abriendo nuevas tiendas, aquel año estrenamos una nueva carta con nuevos platos y una amplia oferta de bocadillos de todos los tamaños. También lanzamos campañas de comunicación creativas como #MiPasaporte y sorteos de entradas para partidos de baloncesto del Club Joventut de Badalona, la emblemática *Penya*, a la que copatrocinamos en una muestra más del compromiso que siempre he mantenido con mi ciudad de origen. Igualmente, reforzamos nuestro servicio de atención al cliente para mejorar el servicio posventa y apostamos por un proyecto muy ambicioso: el museo Jamón Experience, en la Rambla de Barcelona, frente a dos tótems de la ciudad: el mercado de La Boqueria y el Liceu. Es el primer centro de interpretación del jamón en el mundo.

En aquel 2014 vivimos otro momento clave para la empresa: el inicio de la expansión en los aeropuertos, donde el concepto de barra de degustación funcionó estupendamente desde el primer momento. El bocadillo de jamón ya era número uno en ventas cuando nosotros «aterrizamos» en los aeropuertos españoles, pero la verdad es que yo desconocía este dato. Lo que sí tenía era la intuición de que los aeropuertos eran un buen sitio para mi negocio. Al principio pensaba más en una tienda de *delicatessen* que en un bar, pero cuando presentamos el proyecto a AENA nos dijeron que no, que en aquel local iba una barra. La abrimos y funcionó muy bien, porque muchos clientes querían un bocadillo de jamón y ahí nosotros encajamos como anillo al dedo, porque si de algo sabemos es de jamón.

No obstante, yo soy tendero y lo llevo en el ADN, así que en 2023, casi diez años después de abrir aquella primera barra en la T4 del aeropuerto de Madrid, hemos instalado las primeras máquinas dispensadoras de jamón en el aeropuerto de Barcelona y estamos trabajando en un concepto de tienda *foodie* precioso. Más adelante, cuando hable del momento actual y del futuro de Enrique Tomás como empresa, explicaré algún detalle más.

Con las aperturas de 2013 y 2014 dejamos de ser una pequeña cadena de tiendas de charcutería para convertirnos en una gran cadena de tiendas y barras con diferentes tipos de productos y servicios repartidas por varias ciudades de España. Teníamos, además, un primer pie en el extranjero.

Jugábamos ya en otra liga. Ahora bien, todavía no habíamos llegado a la Champions.

6

Marzo, 2021

La vida del empresario está llena, como la vida de cualquier persona, de momentos de expansión y de contracción. A veces todo es favorable al crecimiento y tienes que aprovechar que se alinean los astros. Y a veces pasa lo contrario: tienes que reducir estructura y encogerte para sobrevivir.

Si en 2014 abrimos nuestra primera tienda en Londres, en marzo de 2021 tuvimos que tomar la dolorosa decisión de cerrarla. Recuerdo la fecha exacta de la decisión porque la anoté en mi diario: «19 de marzo. Adiós, Londres». Ya el Brexit nos había hecho mucho daño, pero la pandemia fue el remate final. Estábamos perdiendo miles de libras, no podíamos aguantar más.

Después de la boda de mi hija Núria decidí que, pasara lo que pasara, mi deber era seguir luchando para salvar la empresa. Los apoyos de mi mujer, Eli, y de mi amigo Ismael, así como los ánimos de algunos buenos amigos, me dieron un buen chute de energía para seguir adelante. Sabía que, por muy mal que fuesen las cosas, no me iba a faltar lo básico.

Fue una época de mucho contacto entre empresarios, muy asociativa y muy reivindicativa. Estábamos alineados porque teníamos los mismos intereses y porque creíamos que juntos podíamos ejercer más fuerza de presión frente al gobierno o a la hora de renegociar las condiciones con un centro comercial. Al final, para decir la verdad, no sirvió de mucho todo aquel movimiento. Cada empresa acabó negociando por su cuenta y cada uno mirando por lo suyo.

Las cifras del cierre de 2020 fueron para deprimir al más optimista. Cerramos el año con una facturación de 40 millones de euros cuando en circunstancias normales podíamos haber pasado de los 100. Y de esos 40, unos 15 entre enero y febrero, es decir, antes del confinamiento. Un auténtico desastre, una locura. Además, el género que teníamos comprado se devaluó un 50 por ciento. En 2020, cuando estábamos en pleno confinamiento, un proveedor y amigo, José Luis Sánchez, me había ofrecido comprar una buena partida de jamones, el doble de lo que tenía en stock, a un precio muy bajo. Era una fórmula para bajar mi precio medio de compra. Gracias a Dios no lo hice, porque no habría podido venderlos, me los habría comido con patatas, habida cuenta de lo que se alargó todo. Son esas decisiones que pueden marcar la diferencia entre arruinarte o sobrevivir. En aquel momento, como en otros, la decisión era una lotería. El sentido común o la Providencia o lo que fuera salió en mi auxilio y tomé la decisión de no comprar. Menos mal.

Después del confinamiento decidimos cambiar de vivienda. Meterme en una inversión tan importante cuando la empresa estaba yendo mal y teníamos tantas deudas no me hacía ninguna gracia. La solución que se me ocurrió fue bastante original: primero comprar la nueva vivienda pidiendo al banco financiación del cien por cien de mi parte y luego vender mi piso, y en lugar de cancelar la hipoteca con el dinero que me pagaron, guardármelo por lo que pudiera pasar con la empresa, por si venían todavía más duras. Era una forma de obtener financiación para la empresa con unas condiciones inmejorables, pues firmamos una hipoteca a tipo fijo con poco más del 1 por ciento de interés. Dinero más barato no hay. Por cierto, fue un acierto optar por el interés fijo, pues, como ya imaginé en aquel momento, los tipos de interés acabaron subiendo.

Algunos amigos a los que les expliqué la jugada me dijeron que era un genio y que había engañado al banco. Pero ni una cosa ni la otra son ciertas. Los bancos saben latín, nadie les engaña, y menos un ciudadano de a pie como yo. Siempre que me han dejado dinero, lo han recuperado con intereses, así que el banco siempre ha salido ganando. Gracias a Dios.

Ahora bien, es verdad que como «operación de tesorería» me salió redonda. Aunque al final no tuve que utilizar ese dinero para la empresa, tenerlo en el banco a mi disposición me dio mucha tranquilidad. Era un recurso que podía utilizar en cualquier momento. Fue como disponer de una póliza de crédito, un instrumento financiero que me gusta mucho.

Siempre he dicho que, como empresario, no hay nada peor que necesitar dinero y no tenerlo, y lo bueno de una póliza es que te permite la posibilidad de usar el dinero o no, según como te vaya en cada momento. Si no lo usas, pagas algo de intereses, pero muy poco para la tranquilidad que te da saber que lo puedes usar, en todo o en parte, cuando te haga falta.

Un préstamo, en cambio, es más peligroso, financieramente hablando, porque te lo dan y, como tienes el dinero en el banco y muchas ideas en la cabeza, acabas gastándolo en cosas que a lo mejor no son del todo necesarias. La póliza la usas cuando tienes un problema o para un posible negocio. Es como si tuvieras el dinero en un cajón para usarlo en caso de emergencia, no por capricho.

Ser empresario también es eso: aprender a gestionar el dinero disponible y a distinguir entre lo necesario y lo accesorio. O, como reza el dicho, a no estirar más el brazo que la manga.

En marzo, justo un año después del inicio de aquella pesadilla, tomamos la decisión de cerrar Londres. Un golpe duro —otro—, pues Londres fue la primera plaza fuera de España y tenía un significado especial para mí.

No obstante, a pesar de todo y sorprendentemente, seguíamos vivos. Una ayuda del gobierno por aquí, una buena facturación en los aeropuertos por allá y, sin saber muy bien cómo, capeábamos el temporal y salvábamos el mes.

Empecé a creer de nuevo que podíamos salvarnos. «¡Vamos, vamos!», le repetía a todo el mundo, tratando de transmitirles un poco de ánimo. «¡Pa'lante!» Éstos eran y siguen siendo mis gritos de guerra. Me sirven para darme impulso y para levantarme el ánimo en los momentos de duda o debilidad, que también los tengo, aunque lo disimule. Y para recordarme que hay que seguir luchando hasta el final.

A pesar del bajón que había tenido en octubre, yo seguía al pie del cañón y dándolo todo, como la mayoría de la gente de la empresa que podía trabajar. Estoy muy orgulloso de haber reunido un grupo de personas tan válido y de lograr que confiaran en que podríamos salir adelante en un momento que no invitaba a confiar. Por eso quiero darles las gracias también desde este libro públicamente y pedir disculpas a aquellos que por cuestión de espacio no podré nombrar.

La llegada de la primavera mejoró un poco las ventas, con la posibilidad de servir en terrazas y, aunque con limitaciones, también en interiores. Yo seguía, después de la «iluminación» que había tenido durante el Camino de Santiago en agosto del año anterior, con la apuesta por crecer en aeropuertos. Si algo he aprendido a lo largo de mi trayectoria es que puedes equivocarte, pero cuando tomas una decisión estratégica tienes que ir a muerte con ella. Y eso estaba haciendo. Confiaba en que llegaría un momento en que el tráfico aéreo recuperaría unas cifras similares a las prepandémicas y ahí seríamos nosotros los primeros en resurgir. Fue una apuesta de «ahora o nunca». Las pocas licitaciones que salían se podían ganar con cierta facilidad porque éramos casi los únicos que estábamos en el partido.

En esta estrategia contaba con la ayuda de Enric Besalduch, al que había contratado en 2019. Lo conocí en junio de ese año en Puerto Rico, donde era el director de operaciones de una compañía que controlaba todo el aeropuerto internacional de San Juan, el más concurrido del Caribe. Catalán de origen, llevaba veinte años en Sudamérica, donde se había casado con una argentina y había tenido dos hijas. Durante mi estancia llegamos a un acuerdo para abrir un local de Enrique Tomás en el aeropuerto de Puerto Rico. Mientras lo celebrábamos, me contó que su mujer y sus hijas se iban a vivir a Barcelona después del verano de aquel año. «Y entonces, ¿tú...?», le pregunté. «No, yo no. Yo iré yendo y viniendo.» Me pareció una situación poco deseable para un padre con dos hijas adolescentes, así que le dije: «Bueno, si en algún momento decides venirte para España, me avisas».

En noviembre de aquel año me envía un mensaje de SMS: «Oye, ¿iba en serio lo que me dijiste?». Mi respuesta: «Claro, siempre hablo en serio». Así que el día 1 de enero de 2020 empieza a trabajar con nosotros. Y con un gran coste para la empresa, pues lo contrato para uno de mis proyectos clave, el de conseguir nuevas licitaciones y abrir nuevos locales en los aeropuertos, un tema que él conoce bien. Pero el 14 de marzo pasa lo que todos sabemos y de pronto me encuentro con Enric en plantilla, que cuesta una fortuna y que no puede hacer el trabajo para el que lo he contratado porque se ha parado toda la actividad económica y AENA, como es lógico, deja de sacar a concurso licitaciones.

En aquel momento, mi equipo más cercano me propone que lo despida. Parecía una medida lógica, dadas las circunstancias y la incertidumbre ante el fin de la pandemia, pero me negué. Si las aguas volvían a su cauce, lo iba a necesitar, y yo confiaba en que tarde o temprano volvieran.

Otros perfiles profesionales eran más fáciles de reponer en caso de despido, pero el suyo era muy específico. Si lo despedíamos, tal vez cuando lo volviéramos a necesitar no estaría disponible o lo estaría a un precio mayor. Era como una estrella del fútbol fichada para meter goles que no puede jugar porque se suspende la liga. Si lo echas, ahorras dinero a corto plazo, pero corres el riesgo de que se lo quede tu máximo rival y, cuando se ponga de nuevo en marcha la competición, te arrase.

Lo mejor de esta historia es que, después de unos meses en que lo único que puede hacer es colgar jamones en una nave y justo cuando empieza a abrirse todo de nuevo, un día viene y me dice: «Enrique, me marcho». Sorprendido, le pregunto: «Pero ¿por qué te vas, si justo ahora empiezo a necesitarte?». Y él: «Pues mira, es que vine para intentar rehacer la relación con mi mujer, pero no lo hemos conseguido. Entonces, ¿qué hago en Cataluña si aquí gano la mitad de lo que ganaba en Puerto Rico? Y allí puedo hacer además muchas más cosas».

Efectivamente, Enric tenía un gran sueldo en Puerto Rico porque trabajaba con un empresario que confiaba mucho en él y ejercía un cargo de mucha responsabilidad. Cuando empezó a trabajar conmigo, a principios de 2020, quedó pendiente hablar de una serie de incentivos añadidos a su sueldo, pero llegó la COVID-19 y el tema quedó aparcado, lógicamente.

Así que me encontraba frente a una nueva situación difícil: el tío que tenía que encabezar la estrategia de crecimiento en los aeropuertos de la compañía, nuestra estrategia clave para resurgir de las cenizas, me decía que se iba después de unos meses en que había estado cobrando un pedazo de sueldo por colgar jamones en un almacén. Lo comenté con mi gente más cercana, entre ellos mi hijo Albert, que me recordaron que meses antes ya me habían recomendado que lo echara.

¿Qué opciones tenía? Una: dejar que se fuera y comerme el sapo. Dos: mantener mi estrategia y contraatacar. Por supuesto, tomé la segunda. ¿O acaso no he dicho ya que cuando tomo una decisión voy hasta el final? Pues eso: había decidido que mi estrategia de futuro pasaba por crecer en los aeropuertos y no estaba dispuesto a bajarme del burro. Pero no era por tozudez, sino por coherencia empresarial. Así que llamé a Enric y le pregunté: «¿Cuánto necesitas para no marcharte?». Se quedó sorprendido: «Pero, Enrique, no me preguntes eso. Me da vergüenza pedirte que me aumentes el sueldo, sabiendo cómo estás y después de que me has mantenido estos meses sin hacer mi trabajo. Te has portado de maravilla conmigo. Estaba convencido de que me ibas a echar». Le expliqué que, efectivamente, al inicio de la pandemia contemplé esa posibilidad, pero que confiaba en que todo se recuperaría y que en ese momento iba a necesitarlo, porque no quería renunciar al crecimiento. Y ese momento había llegado. «Por tanto, dime, ¿cuánto tendría que pagarte para que te quedaras?»

Me pidió un aumento de salario y un bono que en total suponían prácticamente doblar lo que estaba cobrando en aquel momento. Lo hablé con mi equipo y pusieron el grito en el cielo. Aquel sueldo era un disparate para los estándares que manejaba una empresa como la nuestra, que no era un banco ni facturaba miles de millones al año. Pero lo analicé fríamente, dejando a un lado las emociones y las cuestiones personales, y vi que si la cosa iba como tenía que ir, es decir, si crecíamos en los aeropuertos como yo preveía, aquel sueldo estaría justificado. Así que acepté y Enric se quedó. Eso sí, al bono le dije que no, porque aceptar un variable ligado a la apertura de tiendas podía ser mi ruina: su interés habría estado en la apertura de tiendas a toda costa, fueran o no potencialmente rentables. Así que le incorporé el posible bono en el sueldo desde el minuto cero.

Con el tiempo se ha demostrado que aquella decisión fue acertada. Hoy en día es un tío rentable para la compañía y él está feliz. Si la pandemia se hubiera alargado o la estrategia de la empresa hubiera cambiado, probablemente mi decisión habría sido un error. Así es, una vez más, este oficio de empresario: tienes que tomar las decisiones que en cada momento crees que son las mejores para el negocio. Lo importante es que el negocio funcione, pues de eso dependen las nóminas de cientos de empleados y el sustento de cientos de familias. Lo personal es secundario. Yo podía haberme sentido muy ofendido por el hecho de que Enric quisiera irse justo cuando empezaba a necesitarlo. Pero, por encima de cualquier consideración personal, prioricé la rentabilidad, los beneficios para la empresa que su perfil podía aportar en aquel momento. Y no por ganar yo más dinero, sino por mantener la empresa y hacer que cada día sea mejor.

Porque esto no va de amistad, va de negocios.

Va de hacer lo que uno cree más correcto en cada momento.

Va de tomar decisiones con una cierta lógica.

En ocasiones acertarás y te dirán que eres un *crack*; en ocasiones fallarás y te dirán que eres un fracasado. Pero ni una cosa ni la otra son verdad.

2015

Después de abrir decenas de establecimientos por toda España y de empezar la expansión internacional, en 2015 alcanzamos un logro que podría parecer menor, pero que para mí tuvo una gran importancia simbólica: la apertura de una tienda en la calle del Mar de Badalona, la vía más emblemática de la ciudad, por la que todos los badaloneses pasean de vez en cuando. Salvando las distancias, vendría a ser las Ramblas de Barcelona o la Gran Vía de Madrid. La apertura me hizo una ilusión especial, porque de niño y adolescente yo también paseaba mis sueños por aquella calle.

Dicen que nadie es profeta en su tierra. La frase, que aparece en el Evangelio según san Lucas, se atribuye a Jesús, que al parecer se preparó durante cuarenta días en el desierto y volvió a su pueblo, donde leyó las Escrituras en la sinagoga y anunció su cumplimiento, pero los asistentes, que lo conocían desde pequeño, no le hicieron caso y lo sacaron de allí de malas maneras.

No me atrevería a decir que soy profeta en mi tierra, porque eso es algo que deben juzgar los demás, pero me siento satisfecho de mi lugar de origen, Badalona, y de mantener mi empresa aquí. Y aunque sigo aspirando a tocar el cielo todos los días, mis pies permanecen bien enraizados en esta ciudad.

Ese mismo año, 2015, ampliamos nuestra nave en la calle Occitània de Badalona, triplicando su capacidad. El dato curioso es que sólo cuatro años después, en 2019, ya se nos había vuelto a quedar pequeña, lo que da una idea del ritmo al que estábamos creciendo. Podía haberla hecho en cualquier otro sitio, pero soy de Badalona y estoy comprometido con esta ciudad. Y con mi gente, muchos de los cuales son también de aquí o de poblaciones cercanas como Barcelona, Sant Adrià, Santa Coloma o Alella. La nueva sede, como ya he explicado, tuvo un estreno raro debido a la irrupción del coronavirus en nuestras vidas, pero hoy por hoy está ya a pleno rendimiento. Es un edificio de 7.000 metros cuadrados que permite tener 60.000 jamones a la vez en distintos estados de maduración, además de una bodega con 15.000. Es una sede en la que todo huele a jamón, como es lógico, teniendo en cuenta a lo que nos dedicamos y lo que hacemos en ella. Afortunadamente, ya se ha quedado pequeña y hemos tenido que alquilar otro edificio enfrente para afrontar nuestro crecimiento.

A mí me gusta de verdad Badalona, no lo digo por quedar bien. Hay zonas nuevas, como la del canal, que están preciosas. Y se han abierto hoteles fantásticos como el Rafael —hoy Hotel Badalona Tower— y el Marina Badalona. Da gusto verlos. También hay algunos barrios urbanísticamente deteriorados, no nos engañemos, pero con una fuerza vecinal muy potente, así que estoy seguro de que irán mejorando con el tiempo. Soy de los que piensan que hay que poner en valor lo bueno y trabajar en los defectos para mejorar, y eso se puede aplicar tanto a una persona como a una ciudad. En este sentido, soy optimista respecto al futuro de Badalona. Hay quien me dice que demasiado, pero ¿acaso se puede ser «demasiado» optimista? ¿No será que a algunos ya les va bien que la gente sea pesimista?

Mi vinculación con Badalona es tal que en mi tarjeta de visita figura en una cara mi profesión, «hacedor de negocios», y en la otra una imagen del Pont del Petroli, probablemente la imagen más emblemática de la ciudad. Por mi trabajo viajo a lugares espectaculares del mundo, pero al final siempre acabo volviendo a mi ciudad porque me siento muy a gusto. Salgo a caminar, como frente al mar y saludo a amigos de toda la vida. Y me siento en casa.

A la tienda del Soho londinense, abierta en 2014, sumamos al año siguiente otra, ésta en Neal Street, cerca de Covent Garden. Un hito más que sumar al sueño de aquel chaval que treinta años antes había abierto una pequeña tocinería en un mercado de su ciudad natal.

Lógicamente, estas aperturas internacionales no se produjeron de un día para otro. Desde el momento en que lo imaginé hasta que se concretó pasaron años y hubo mil y una gestiones previas, tanteando cómo hacerlo, dónde, con quién, etcétera. Era un terreno nuevo para nosotros y teníamos que saber dónde pisábamos. Una cosa es la ilusión, que debe estar en el origen de cualquier proyecto, y otra la ejecución, que es al final lo que cuenta, porque es la frontera entre llegar a algún sitio o quedarse en el camino.

Todo necesita su tiempo y su trabajo, especialmente los grandes sueños. Y todo llega cuando tiene que llegar, ni antes ni después. Cuando tienes dieciséis años y mucha ambición, te parece que los treinta quedan lejísimos. Pero vas avanzando y un buen día cumples treinta y después treinta y cinco y después cuarenta... Cuando por fin nos lanzamos a conquistar el mundo, jamón en mano, yo ya estaba más cerca de los cincuenta que de los cuarenta. Eso sí, tenía la ilusión intacta.

A las tiendas de Londres siguieron las de Roma, Ciudad de México y Francia un poco después, en 2017, junto con otras nuevas en Londres, donde llegamos a tener cinco. La expansión internacional, no obstante, no fue tan rápida como la nacional. Por dos motivos que desgranaré a continuación. El primero es que fuera de España no existe la cultura del jamón que tenemos aquí. Aunque había confusión sobre las diferentes calidades, en España la mayoría de la gente distingue fácilmente entre un buen jamón y un mal jamón, entre un jamón normalito y un jamón ibérico pata negra. En el extranjero, en cambio, no existe esa cultura.

Desde hace años he escuchado eso de «el día que los americanos —o los chinos— descubran el jamón no va a haber jamón suficiente para todos». Y sigo pensando que ese momento llegará, pero no tan rápido como algunos pensaban. ¿Por qué? Porque el jamón es un producto que va acompañado de una cultura, y esa cultura hay que explicarla. Por eso digo siempre que el jamón no se envía, hay que llevarlo. Llevarlo y acompañarlo de una explicación, como el vino o el queso u otros productos que, aunque se pueden disfrutar sin más, se aprecian mucho más cuando se conoce lo que hay detrás: la excelencia de la materia prima, el esmero con que se trabaja, las diferentes categorías y calidades, la forma óptima de consumirlo, etcétera. Algunos han pensado que los guiris, como los llamamos coloquialmente, se lo tragaban todo y les han dado jamón mediocre a precio de caviar, y eso le hace un mal favor al jamón.

En este sentido, tenemos que aprender mucho de los italianos y los franceses, que ponen en valor sus productos emblemáticos y no se cansan de explicarlos y ensalzarlos. Los italianos, por ejemplo, tienen el *prosciutto*, que es un buen producto, pero diferente a nuestro jamón ibérico. Lo que pasa es que ellos lo venden mejor. Tenemos que aprender a hacerlo como ellos. Ya lo decía en mi primer libro, *Grandes mentiras sobre el jamón*, y lo repetí en el segundo, *Jamón para dummies*, que salió en 2017.

Tenemos entre manos el mejor producto alimentario del mundo. No hay nada parecido. Se puede comer a cualquier hora del día. Si tienes a alguien a tu lado cortándote jamón, no puedes parar de comer. Y eso es algo que no pasa con nada. Por mucho que te gusten las ostras o la langosta, al cabo de un rato de comerlas te cansas y ya tienes bastante. El jamón, en cambio, no cansa. Si te van poniendo, no paras de picotear desde las siete de la mañana hasta las dos de la madrugada.

Pero, insisto, el jamón no hay que mandarlo, hay que llevarlo. Tienes que llevar la cultura, explicar lo que es y en qué se diferencia de otros productos, como el *prosciutto* o el *speck*, que para un neófito son prácticamente iguales. Y esa labor es lenta. La expansión por el extranjero de Enrique Tomás ha sido y está siendo lenta porque debe ir acompañada de una labor de «jamonización», y eso es algo que no se consigue de un día para otro, especialmente cuando los diferentes actores del sector no vamos todos a una. Pero, como dijo aquél, estamos trabajando en ello.

El segundo motivo por el que nuestro proceso de internacionalización avanzaba lentamente era que, a pesar de los logros, tenía problemas internos en la empresa. Había creado una estructura importante porque pensaba que íbamos a tener un crecimiento muy rápido, que íbamos a abrir mil franquicias, pero la cosa con los franquiciados no andaba bien, incluso en algún caso había tenido que recomprar sus negocios. Por un lado, seguramente nosotros no lo estábamos haciendo del todo bien. Por otro, muchos pensaban que con poner la marca Enrique Tomás en el rótulo del negocio y en las servilletas ya iba a funcionar solo, y no es así. Para que funcione cualquier negocio, sobre todo si es de cara al público, hay que trabajar como un loco.

Por otra parte, en los locales propios estaban bajando los beneficios porque nos había atacado un virus, diferente al que nos invadiría unos años más tarde pero también muy jodido: el virus del kilómetro ocho. ¿Qué hace este virus? Pues hace que cuando estás corriendo una carrera de diez kilómetros y vas por el kilómetro ocho y ves que vas bien de tiempo, te relajes. Piensas que ya estás acabando la carrera y aflojas, y entonces te adelantan los que vienen detrás o te entra una pájara por falta de tensión. Llevando la analogía a la empresa, mucha gente se había relajado porque tenían la sensación de que ya estábamos llegando a la meta. Y no, no estábamos acabando la carrera. De hecho, estábamos poco más que empezándola.

Vista la situación, en junio de ese año 2015 puse mis preocupaciones por escrito y las compartí con mi gente, igual que había hecho unos años antes, en 2009. No dejábamos de ser una empresa familiar en la que todos nos conocíamos, así les planteé mis reflexiones abiertamente. Aquel documento, que titulé con mayúsculas «AHORA O NUNCA», era un resumen de mi plan de negocio para los siguientes siete años, entre 2016 y 2022. Lo presenté el 30 de junio, recién terminado el segundo trimestre. Empezaba con estas apremiantes palabras: «Sé que tengo muchas posibilidades de conseguir mis sueños, casi tantas como de conseguir mis peores pesadillas, es por eso por lo que decido ACTUAR con rapidez».

En el documento dibujaba cinco posibles escenarios que se podían dar en función de las decisiones que tomáramos entre todos en aquel momento:

1. Que la empresa quebrara en marzo de 2016 si no cambiaba inmediatamente la dinámica y el funcionamiento, ya que la tesorería y mi capacidad de endeudamiento, si no mejoraban los resultados, sólo nos permitirían aguantar hasta esa fecha.

2. Que la empresa, aunque no quebrara, tuviera un valor igual a cero porque únicamente pudiera seguir huyendo hacia delante como tantas otras, sin ningún camino claro y trapicheando para poder seguir. Esto pasaría si los cambios que pensaba efectuar eran insuficientes.

3. Que la empresa tuviera un valor pequeño si renunciaba a crecer y ajustaba la estructura a la realidad del

momento, quedándome sólo con las mejores tiendas y los mejores profesionales y prescindiendo del resto. Pero eso, claro, significaría renunciar a mis sueños de hacer algo realmente grande e importante en el mundo de la empresa, pues la compañía que quedaría después del proceso no tendría muchas perspectivas de crecer.

4. Que la empresa tuviera un valor mayor, lo que significaba seguir apostando por crecer, pero haciendo cambios importantes en la estructura de aquel momento. Por cierto, no entré en detalles porque aquel documento podía caer en manos de quien no debía, básicamente de la competencia.

5. Que la empresa tuviera un valor muy importante. Para eso, teníamos que apostar fuerte por seguir creciendo en los siguientes años y asumiendo riesgos y tomando decisiones drásticas. Si lo conseguía, habría conseguido el sueño: «Ponerle nombre al jamón en el mundo».

Tenía claro, y así se lo hice saber a mis colaboradores, que quería evitar a toda costa los escenarios 1 y 2. Sería como aceptar que mi momento había pasado y no podría mirar a la cara a mi gente, a la que había ilusionado con un proyecto ambicioso. Pero también tenía claro que, aunque prefería el 5, no quería seguir viviendo como lo había hecho en los dos últimos años, en los que el miedo no me había permitido disfrutar como debía de las cosas maravillosas que me estaban pasando —entre ellas reencontrarme en 2014 con mi mujer, Eli, como explicaré más adelante.

En definitiva, con aquel documento quería apelar a cada uno de los miembros de mi equipo para que ellos mismos decidieran si querían apostar por un escenario u otro. Mi apuesta estaba clara: yo quería el escenario 5, pero no a toda costa. Quería, y sigo queriendo, construir una empresa importante, pero disfrutando del camino y con personas a mi lado completamente implicadas. Mi mayor reto entonces, que en parte sigo teniéndolo ahora, era que todo el que estuviera en la empresa diera el máximo de sí mismo; que no se limitara a hacerlo bien, sino que se implicara al máximo, que se sintiera realmente parte de la empresa. Por eso, acababa aquel documento con estas frases motivadoras: «Por último, ahora sí te digo: pon el ALMA Y EL CORAZÓN en todo lo que hagas, y la recompensa será tan grande que podrás dar a todos los demás, porque te sobrará riqueza —la riqueza que uno obtiene cuando hace lo que debe con amor—. [...] Escribiremos unas preciosas páginas de nuestras vidas que serán leyendas y cuentos para muchas otras personas. Soy consciente de que si triunfamos, triunfamos todos, y si fracasamos, fracasaré yo. ¡Y NO FRACASAREMOS!».

Como es sabido, aquel sueño se vio temporalmente truncado por diferentes causas, desde el Brexit a la pandemia de la COVID-19, pasando por la irrupción en el mercado de las grandes compañías de *delivery*, dispuestas a quemar caja, algo que no critico pero que no entiendo. Pero las cosas llegan cuando tienen que llegar. Y confío en que llegará el momento de cumplir mi sueño. Porque, a pesar de todas las dificultades vividas, no he renunciado a conseguirlo.

7

Julio, 2021

El coronavirus nos había pegado muy fuerte. Cuando irrumpió en nuestras vidas, la empresa tenía una estructura pensada para doblar las ventas de 2019, que habían sido de 80 millones de euros. En cambio, se quedaron en la mitad, 40. Además, me encontré con que había hecho la mayor compra de jamones de mi vida pensando en ese crecimiento y no tenía manera de venderlos.

Así fueron las cosas durante todo 2020. En ese tiempo, en más de un momento pensé que el virus nos mataba, incluso hice mis ejercicios espirituales para aceptar que, si finalmente era así, la aventura había valido la pena. Tan importante es prepararse para el éxito como para el fracaso, si es que se podía considerar fracaso haber levantado una empresa desde la nada y haberla hecho crecer durante cuarenta años.

Pero, milagrosamente, las cosas se empezaron a enderezar en la primera mitad de 2021. Subieron un poco las ventas, especialmente en los aeropuertos, donde habíamos aumentado nuestra presencia, y llegó un momento, hacia julio de ese año, en que empecé a ver la luz al final del túnel. Empecé a confiar de nuevo en que íbamos a salvarnos.

A diferencia de 2020, en que tiraba adelante por puro instinto de supervivencia, a mediados de 2021 comencé a observar elementos objetivos que invitaban al optimismo: la generalización de las vacunas, que se habían empezado a administrar la Navidad anterior, la libertad de movimientos de la gente, la relajación en las medidas de seguridad, cierta alegría en el consumo de las familias, que se había retraído por la incertidumbre que generaba la situación, etcétera. Se empezaba a respirar otro ambiente. Lógicamente, seguía habiendo miedo, que se acentuaba cada vez que aparecía una cepa nueva del virus, siempre más contagiosa que la anterior, pero gracias a la inmunización no moría tanta gente ni los gobiernos tomaban medidas tan drásticas.

Empezábamos a recoger algunos frutos de nuestra apuesta por los aeropuertos, donde habíamos ganado varias licitaciones: Fuerteventura, Málaga, Sevilla, Vigo, Valencia, Mallorca, Las Palmas, Tenerife, Ibiza... Y el puerto de Barcelona.

Por supuesto, mi plan 2016-2022 había quedado en pura fantasía, en papel mojado, pero me sentía más optimista. De hecho, el 15 de julio me hicieron una entrevista en la Asociación de Coaching Ejecutivo y Organizativo (AECOP) y ya me atreví a hablar de la crisis como de algo que estábamos empezando a superar.

Eso sí, fui claro y expliqué que había estado a punto de

irme al garete, lo que provocó que mucha gente me llamara para decirme que no se imaginaban que hubiera sufrido tanto. Pero claro, no iba a quejarme cuando tanta gente lo estaba pasando igual de mal que yo o peor, pues muchos no pudieron resistir y tuvieron que cerrar. Esto es importante: la gente debe saber que los empresarios no estamos ahí sólo para recoger los beneficios a final de año, sino que sufrimos el día a día cuando las cosas van mal. Más aún: somos los que más sufrimos, porque tenemos toda la información de lo que está pasando y porque nos jugamos nuestro dinero y, a veces, incluso la salud y la autoestima. Por eso quiero remarcar aquí, una vez más, que cuando no acertamos con nuestras decisiones no somos unos fracasados, sino seres humanos de carne y hueso que hacemos lo que podemos con lo que tenemos en cada momento. Eso es, justamente, lo que expliqué en aquella entrevista.

Aunque todavía estábamos cogidos con pinzas, había más motivos para el optimismo. El día después de esa entrevista, el 16 de julio, mi mujer, Eli, firmó la compra de la nueva sede de su clínica de belleza INOUT, un local que había sido sede del Banco Santander. Más de mil metros cuadrados en la avenida Diagonal esquina Bailén de Barcelona.

Me parecía admirable, y me lo sigue pareciendo, su empuje y sus ganas de prosperar. Era una inspiración ver cómo hacía crecer su negocio.

Sentir su fuerza me daba ánimo también a mí.

2016-2017

El 28 de septiembre de 2016 cumplí cuarenta y nueve años. No era una cifra redonda, pero los amigos y la familia me organizaron una fiesta. El mejor regalo que pudieron hacerme, y lo digo con el corazón en la mano, fue estar conmigo en un día señalado como aquél, pero no contentos con eso me hicieron otro regalo precioso: un librito que conservo como oro en paño titulado *Las cuarenta y nueve perlas de Enrique*.

Como el título indica, el libro —en un formato pequeño, pero encuadernado y con tapa dura— recoge cuarenta y nueve de mis frases habituales de la época, ilustradas además con unos dibujos muy divertidos.

Algunas de esas frases, que repetía bastante a menudo, son:

- «Hijos ya tengo dos» (cuando alguien venía a tocarme los...).
- «¿Estamos locos...?» (cuando alguien proponía algo que se salía totalmente del sentido común).
- «El exceso de información provoca desinformación» (cuando alguien daba demasiadas explicaciones).
- «Cuando no es un pito es una flauta, y si no una pelota» (cuando no paraban de surgir problemas).
- «Lo que no va en lágrimas va en suspiros» (cuando al final siempre acababa gastando en una cosa lo que me ahorraba en otra).
- «No me expliques el parto, enséñame al niño» (cuando alguien me venía a contar el cómo en lugar del qué).

- «Si te viene un pensamiento, siéntate hasta que se te pase» (cuando alguien, el típico iluminado, pretendía cambiar algo sin que estuviese suficientemente reflexionado).
- «Excelencia es cuando ardes en deseos de mejorar» (cuando tenía que explicarle a alguien lo que para mí es la excelencia).

Algunas de ellas siguen formando parte de mis conversaciones y otras han cambiado, pero yo en esencia sigo siendo el mismo de entonces. Eso sí, ahora no tengo dos hijos, sino tres, y he aprendido a delegar más.

En 2016 seguí con la política de expansión, aunque seleccionando bien dónde, cómo y con quién. Seguimos abriendo tiendas en Cataluña, nuestra principal plaza, y en aeropuertos de toda España, como un nuevo espacio de restauración en la T4 del aeropuerto Adolfo Suárez de Madrid, donde ganamos un concurso de adjudicación en competencia con potentes multinacionales del sector. Pero también en otros lugares de España y de fuera, con una tercera tienda en Londres, en esta ocasión en el centro comercial de Westfield.

También ese año adquirimos una fábrica de jamones en el valle de los Pedroches, en Córdoba. La idea era tener otra pata en el negocio del jamón, pero resultó un error, ya que lo nuestro no es la fabricación, sino la venta. Cada uno tiene que hacer lo que mejor sabe hacer, y en cuestión de criar cerdos y curar jamones ya hay auténticos expertos. Nosotros tenemos que hacer lo que sabemos, que es seleccionar los mejores jamones y venderlos de mil maneras diferentes y cada uno al precio adecuado.

Yo compro de tres formas diferentes. Mayoritariamente adquiero el animal y delego la curación en un fabricante. Esto se llama maquila. También compro a media curación y asimismo el producto final. Adquiero a más de setenta fabricantes de absolutamente todas las zonas y regiones de la península Ibérica.

Cuando hablamos de jamón bueno, de jamón ibérico de bellota, todo empieza en el campo. Lo primero es identificar dónde hay una buena cosecha de hierba y de bellota. Sí, de hierba también, porque por cada kilo de bellota, el cerdo tiene que comer siete kilos de hierba. Por tanto, tiene que haber buena vegetación para que la materia prima sea óptima. A partir de ahí se puede hacer un buen jamón, pero hay que saber. Y cada maestrillo tiene su librillo. Si coges un kilo de arroz y un pollo y le das la mitad a tu madre y la mitad a tu suegra, cada una te hará un arroz diferente. Esto es un poco lo mismo. Y los dos seguramente serán muy buenos, y uno te gustará más a ti y el otro a tu mujer, porque los paladares son diferentes.

¿Cuál es entonces el mejor jamón, el de Guijuelo, el de Jabugo, el de Extremadura, el de los Pedroches...? Nadie puede decir cuál es el mejor. A partir de una calidad alta, ya entran los gustos de cada uno. Yo te puedo decir cuál me gusta más a mí, pero como tendero intento dar al consumidor todas las opciones para que escoja la que quiera.

Ni siquiera se puede decir que el jamón del país sea menos bueno que el jamón ibérico de bellota, porque son dos productos diferentes. A los que vendemos jamón lo que realmente nos preocupa es que cada cliente tenga el jamón que le gusta, que pueda elegir.

2017 fue un año especial.

Y no porque abriéramos la primera tienda en Ciudad de México ni la primera franquicia en Roma ni nuestro primer establecimiento en París.

Ni porque inauguráramos dos nuevas tiendas en Londres —éstas en el concurrido barrio de Camden, famoso por su vida comercial y cultural—, con las que ya sumábamos cinco en total.

Fue un año especial porque nació Eric, mi tercer hijo y el primero con Eli. Un verdadero regalo del cielo. Y, no lo negaré, una prueba dura para un hombre de cuarenta y nueve años que ya no se acordaba de lo que era ser padre, pues desde los noventa que no daba un biberón ni cambiaba un pañal. Medio en broma medio en serio, mis hijos mayores empezaron a decir que lo nuestro era realmente como «Modern Family», esa serie americana tan popular en la que el padre se casa con una mujer más joven y tienen un hijo que tiene la edad de sus... ¡sobrinos! Es decir, estábamos siendo padres casi al mismo tiempo mi hija Núria y yo. Sus hijos, en lugar de tener un primo, tenían un tío de su edad.

Podía parecer un poco loco, pero no es algo que yo planificara. Enamorarse normalmente no entra en los planes de nadie, pero sucede. Y cuando sucede hay que vivirlo.

Mientras escribo esto, me emociono por la suerte que tengo de vivir todo lo que he vivido y estoy viviendo. Y toco la piedra en mi bolsillo y me recuerdo:

«Qué afortunado eres, Enrique, qué afortunado».

Segunda parte

... a *crack*

8

Agosto, 2021: forjando nuevos vínculos

Empecé aquel mes volviendo al Camino de Santiago, que tan balsámico e inspirador me había resultado el verano anterior. A diferencia de 2020, en esta ocasión lo afrontaba con algo más de ánimo. No es que hubiera pasado todo, pues de vez en cuando todavía nos daban algún susto los medios de comunicación, pero parecía que estábamos volviendo a una cierta normalidad. La «nueva normalidad», la llamaron. Nueva o vieja, lo importante para mí era que las cifras del Excel donde controlaba las ventas semanales volvían a teñirse de verde y que la salvación volvía a estar a nuestro alcance.

Aprovecho la ocasión para exponer lo importante que son en cualquier camino tus compañeros de viaje. Sea en tu vida profesional, personal y sentimental, andar bien acompañado es vital, y en este caso mis compañeros de camino eran los mismos; Carlos Fernández, Miguel Pérez y Óscar Yebra. Ellos, sin duda, son indispensables para disfrutar el Camino de Santiago, como otros lo son en el camino...

Una de esas personas que me acompañaron aquel año es Francisco González, director general de Plusfresc, cadena de supermercados que pertenece a Euromadi Ibérica, uno de los principales grupos de compras de alimentación español. Me une una gran amistad con Francisco a raíz de conocernos en San Telmo cursando el ADECA 2015. Doy gracias a Dios de tener a personas como él en mi vida.

En el ámbito empresarial, la relación entre Plusfresc y Enrique Tomás también es estratégicamente importante para nosotros, pues marca el inicio de la venta a gran consumo a través del canal supermercado. Dicho de una forma más coloquial, tomamos la decisión de empezar a vender jamón con nuestra marca fuera de nuestras tiendas, de vendérselo a un señor para que él lo vendiera en sus tiendas.

¿Por qué Plusfresc? Pues porque tiene una posición de liderazgo en muchas zonas. En el mundo de la distribución de alimentación, el número uno de España es Mercadona, con un 25 por ciento de la cuota del mercado, pero los regionales suman en total un 40 por ciento. Luego vienen otros como Carrefour, Dia, Lidl, etcétera, con porcentajes por debajo del 10 por ciento de cuota. Es un mercado muy atomizado. Lo interesante para mí es que las cadenas regionales suman un 40 por ciento, mucho más que el principal operador, Mercadona.

El acuerdo con Plusfresc formaba parte de una estrategia que mantenemos hoy en día: que una parte de nuestras ventas se haga en tiendas que no son de nuestra marca. O sea, producto Enrique Tomás pero en tiendas que no llevan la marca Enrique Tomás. La idea es ser, cada vez más, una marca de producto, no tanto de cadena de tiendas o de restaurantes, si bien es posible compaginar ambas cosas.

A finales de ese mes de agosto llegué a un acuerdo con una persona que ha sido muy importante en el devenir de la empresa desde entonces: Núria Vilanova. Ella es la dueña de Atrevia, una de las mayores empresas de comunicación y posicionamiento estratégico de España, si no la más grande, pues cuenta con un equipo de más de quinientas personas. Es una persona con numerosos contactos en diferentes sectores, pero especialmente en el entorno empresarial. Es también presidenta del Consejo Empresarial Alianza por Iberoamérica (CEAPI), donde ha conseguido aglutinar a los mayores empresarios iberoamericanos, logrando una relación de amistad entre sus miembros y que nos sintamos comprometidos con la región. Aunque ya la conocía, en ese momento, finales de agosto de 2021, llegamos a un acuerdo para trabajar juntos.

¿Por qué invertir un dinero considerable al mes en una empresa de comunicación en un momento en que todavía estábamos lamiéndonos las heridas de la pandemia y tratando de volver a cuadrar las cuentas? ¿Qué esperaba yo de ella y de su empresa? Para empezar, que llevara mi comunicación como figura pública y me contactara con gente interesante del mundo empresarial. Siempre he sido muy consciente de la verdad que encierra ese proverbio africano que he citado unos capítulos atrás: «Si quieres ir rápido, camina solo, pero si quieres llegar lejos, camina acompañado». Y yo quería y quiero llegar lejos, por eso necesito a los mejores compañeros de camino.

El resultado al cabo de un año había sido espectacular: además de contactarme con personas potentísimas que llegado el momento podían ser buenos aliados, especialmente del mercado iberoamericano, proyectó mi imagen pública a otro nivel. Y no es que yo quisiera aparecer constantemente en los medios de comunicación, pero era consciente de que la empresa lleva mi nombre y de que, si quería hacerla crecer, debía tener más presencia y ser más conocido. Debía poder abrir algunas «puertas» a las que un humilde tendero de Badalona normalmente no accede.

Todo esto tiene que ver con otra cosa de la que quiero hablar: la visión que tiene que tener un empresario de su negocio. Las cosas no pasan solas, hay que «verlas» en la cabeza y luego hacer que pasen. Mejor dicho, hay que «dibujarlas» en la cabeza. No me considero un visionario —y mientras escribo esto toco mi piedra del ego para recordarme que debo mantenerlo a raya—, pero lo cierto es que muchos de los éxitos actuales de Enrique Tomás como empresa ya estaban en mi cabeza hace muchos años. Y algunos de los que vendrán también. Diferentes factores, sobre todo la pandemia, han hecho que se retrasaran algunos proyectos y que tuviéramos que postergar algunos hitos, pero hace tiempo que sé adónde me dirijo y cómo quiero llegar.

A veces he oído una frase acerca de mí: «Enrique dice muchas tonterías, pero no hace ninguna de las que dice». Y creo que, modestamente, se ajusta bastante a la realidad. Porque es verdad que tiendo a hablar mucho, y cuando alguien habla mucho, inevitablemente acaba diciendo alguna tontería. Ahora bien, a la hora de actuar siempre pienso mucho las cosas. La empresa la gestiono en el día a día con mucha cabeza y sentido común. Como siempre digo, lo que diferencia una idiotez de una genialidad es el resultado, y éste depende más de la ejecución que de la idea en sí misma, aunque sea la mejor del mundo. Éstas sólo sirven cuando se aterrizan, y en eso, modestia aparte, soy bueno.

Dicho de otra forma, la idea es importante, pero luego, cuando la ejecutas, puede tomar una forma diferente.

Visto el éxito de su labor, al cabo de aproximadamente un año, a mediados de 2022 acabé contratando a Atrevia también para llevar la comunicación de la empresa. Coincidió con la marcha de la persona que durante muchos años se encargó de la comunicación, al que decidí que no iba a sustituir. Su labor la subcontraté a la empresa de Núria, ya que tiene la capacidad de poner o quitar medios en función de nuestras necesidades. Si mis previsiones se cumplen y en los próximos años crecemos exponencialmente, no necesitaré contratar a todo un equipo de comunicación interno, pues Atrevia podrá darme el servicio que necesito.

La relación con Núria también es de ida y vuelta, pues de la misma forma que ella me ha puesto en contacto con personas muy interesantes para mi negocio, como los dueños de los aeropuertos de Miami o Punta Cana, yo también le he presentado a personas que están siendo importantes para ella, pues ha llegado un momento de mi vida en que he empezado a moverme en círculos a los que al principio de mi carrera no tenía acceso. Sigo siendo un charcutero, «el de los jamones», pero por algún motivo me llevo bien con mucha gente y muy diversa.

Tal vez porque digo las cosas con naturalidad, como las

pienso, o porque sé ver más allá de las palabras, sé interpretar las miradas y los gestos, lo que se dice y lo que se calla. Son muchos años detrás de un mostrador tratando de interpretar lo que querían mis clientas y conversando con ellas para ganarme su confianza.

Tengo la suerte de que vendo un producto que gusta a todo el mundo. Hay muy poca gente a la que no le guste el jamón ibérico, incluso a los vegetarianos les gusta su sabor, y si no lo comen es por sus principios. Esto hace que, cuando invito a un grupo de personas a una cata de jamón, todos suelen venir. Así he conocido a políticos, cantantes, futbolistas, empresarios, altos directivos de multinacionales, etcétera.

Si hay una cosa en la que estamos de acuerdo todos los españoles es que el jamón ibérico es una delicia. Por eso hace tiempo que me ronda por la cabeza una idea que algún día, como tantas otras, acabaré haciendo: sentar en un plató de televisión a personas enfrentadas por algún motivo, por ejemplo a dos políticos de dos partidos distintos o a dos presidentes de dos clubes de fútbol o lo que sea, y con un jamón de por medio ir limando diferencias y hablando de lo que nos une en lugar de hablar de lo que nos separa.

El jamón como «pegamento» para unir lo diverso, o como «aceite» para hacer fluir las relaciones y suavizar los enfrentamientos. Como estandarte que une y potencia lo común, como la bandera que nos une a todos. El jamón ibérico no es sólo comida, es un concepto, una bandera, la única bandera que nos une a todos.

Así que aquí lanzo la idea. Si algún presentador o cadena recoge el guante, estaré encantado de conversar sobre cómo llevarla a la práctica... Mientras tomamos una tapa de jamón, por supuesto.

Por tanto, la relación con Núria, además de favorecernos a ambos en lo profesional y de ser excelente a nivel personal, me permitió afrontar mis expectativas de crecimiento con garantías, pues en ese momento de finales de 2021 volvía, efectivamente, a retomar mis planes de crecimiento. Con Núria puedo contar en cada momento con los mejores en cada ámbito de la comunicación, un área de la gestión empresarial que es hoy más importante, compleja y multidisciplinar que nunca.

Ese año también conocí a Rafael Santandreu, psicólogo famoso sobre todo por el éxito de sus libros. Leí el primero de ellos, *El arte de no amargarse la vida*, y pensé: «Tengo que fichar a este tío para que me ayude a hacer más feliz a mi gente». Veníamos de donde veníamos y todavía no nos habíamos recuperado. La pandemia, además de afectarnos a nivel económico, había dejado en muchas personas secuelas psicológicas más o menos graves, problemas de ansiedad, miedo, inseguridad, etcétera. Así que era importante hacer algo.

Lo primero que hice fue regalar su libro a todos mis empleados, y lo segundo tratar de conocerlo. Tuvimos muy buena conexión y enseguida le propuse contratarlo. Me preguntó: «Pero ¿tú qué quieres, que motive a tus empleados?». Y le respondí: «No, para motivarlos ya estoy yo, lo que quiero es que me ayudes a que mi gente sea más feliz. Te necesito para eso». Y desde entonces estamos en ello.

En definitiva, lo más importante de esa época es que comienzo a establecer nuevos puentes con un montón de gente y se empiezan a abrir nuevos caminos. Se abren puertas e iniciamos colaboraciones con diferentes personas y empresas, como la mencionada con Plusfresc para la venta de gran consumo. También surge la oportunidad de colaborar con una conocida empresa de *catering* llamada Aramark, que lleva varios locales en campos de fútbol como el del Barça y el del Espanyol. Y, decididos ya a abrirnos a otras posibilidades, compramos una serie de hornos de inducción rápida a Frigicoll para ampliar gama, empezamos a hacer catas en Madrid, elaboramos recetas con grandes cocineros, etcétera.

Mucha gente quería hacer cosas con nosotros y asociarse de alguna manera con la marca Enrique Tomás. Algunos aportaban sus propias propuestas y otros se sumaban a ideas que teníamos nosotros, pero todos querían sumar. No quiero ponerme místico, pero fue como si de pronto el universo dijera: vais a empezar a recoger el fruto del esfuerzo que habéis hecho durante todos estos años para construir una buena marca. No siempre el fruto es el que uno espera. Digamos que a lo mejor yo esperaba limones y la vida me estaba dando naranjas. Pero bienvenidas eran.

Todo esto me confirma en varias ideas que quiero compartir con todos los que son empresarios o se plantean serlo. La primera es que debes tener una visión de hacia dónde quieres que vaya tu negocio. Después pueden pasar muchas cosas, como que aparezca una pandemia o Rusia invada Ucrania, pero de entrada tú debes tener una visión y trabajar para hacerla realidad.

La segunda: el que siembra normalmente cosecha. No es una fórmula matemática, porque en la vida a veces hay imprevistos o accidentes o cosas que escapan a tu control. Pero si apuestas por hacer las cosas bien, por crear una buena marca, por ser honesto, por establecer relaciones con gente muy variada, etcétera, en algún momento recogerás los frutos de ese trabajo.

Tercero: esos frutos no siempre serán los que tú esperas, pero puede que sean incluso mejores. Para recogerlos, no puedes obsesionarte con lo que tú quieres y cerrarte a otras posibilidades. Al contrario, tienes que permanecer abierto a lo que la vida te va poniendo delante en cada momento.

Y cuarto: no estás muerto hasta que no te entierran. O como dice la cultura popular: mientras hay vida, hay esperanza. No puedes tirar la toalla hasta que estás en la lona y ves que de verdad ya no puedes levantarte. Y no sólo por orgullo, que también, sino porque de ti seguramente dependen muchas personas y muchas familias.

Si uno lucha hasta el final por su empresa, pueden pasar dos cosas, como es lógico: que salga adelante o que, a pesar de su esfuerzo, tenga que cerrar. En los dos casos, te vas a sentir mucho mejor si has dado todo lo que podías dar.

¡¡Vamos, vamos!!

9

Diciembre, 2021: cerrando el círculo

El 24 de diciembre de 2021 fue un día muy especial para
mí. Aún no habían desaparecido del todo las dificultades,
por supuesto. Se seguía hablando de la pandemia y de sus
consecuencias devastadoras. Pero no era nada nuevo, ya estaba habituado a bregar con las dificultades del día a día.
De hecho, en la vida de un empresario raro es el día en que
no tienes que pelearte con unos cuantos problemas. Sin embargo, había ya síntomas o signos de recuperación. Parecía
que la pandemia perdía fuerza y que se nos abrían nuevos
caminos para continuar adelante.

Ese día de Nochebuena, además, pasó algo que me emocionó profundamente. Como he dicho, soy un hombre de
lágrima fácil, y a mucha honra, porque llorar no nos hace
más débiles, como algunos creen, sino más fuertes. Y ese
día, frente al televisor, se me escaparon algunas lágrimas,
aunque en esta ocasión de profunda alegría.

Para que entiendas bien esa emoción, tengo que recor-
darte que yo empecé a construir mi empresa con dieciséis

años, abriendo una pequeña charcutería en un mercado de mi ciudad; que al cabo de poco nacieron mis hijos Núria y Albert, el segundo en 1992; que en 2008 Albert, que justo tenía dieciséis años, empezó a colaborar en la empresa con la intención de comenzar a entender cómo funcionaba el negocio; y que en 2021, cuando se dio esta escena emotiva que ahora recuerdo, Albert ya era director general adjunto de la compañía.

Lo que sucedió ese día 24 de diciembre fue que salieron en TV3, la televisión autonómica de Cataluña, mi hijo Albert y una de nuestras empleadas, Andrea García, hablando de la empresa y del jamón. Andrea no era una empleada cualquiera, sino la hija de otra persona importantísima en la empresa, Alfonso García, un hombre al que había fichado unos cuantos años antes, cuando trabajaba en la cadena de hoteles Catalonia. Nada más conocerlo y ver lo bien que servía y atendía a todo el mundo pensé que me encantaría tenerlo en la empresa. Hablamos y nos enamoramos el uno del otro desde un punto de vista profesional. Supe por nuestra conversación que él consideraba finalizada su etapa en hoteles Catalonia, por eso le hice una oferta para que se uniera a nuestro equipo y se encargara de dirigir el proyecto del Museo del Jamón de Barcelona. En aquel momento necesitaba a alguien que lograra que TripAdvisor nos diera el reconocimiento de excelencia, y él lo consiguió como se consiguen las cosas: con el trabajo y el esfuerzo de todo un equipo. Luego asumió diferentes responsabilidades, siempre aportando muchísimo a la empresa. No he conocido a nadie que disfrute más con su trabajo. Por cierto, aprovecho para decir que los mejores trabajadores que tengo ya eran buenos en sus anteriores trabajos, no son mejores ahora porque yo los trate muy bien. Son igual de buenos. Porque cuando un trabajador es bueno, lo es independientemente de la empresa en la que trabaje o del jefe que tenga. La gente no es buena porque le pagan bien, sino que le pagan bien porque es buena. Qué duda cabe de que si un buen profesional tiene además un buen jefe todavía tendrá un rendimiento mejor. Es entonces cuando se alcanza la excelencia. Pero lo que sobre todo quiero aclarar es que estos grandes profesionales que estoy mencionando lo son por méritos propios, no porque trabajen conmigo.

Como decía, a Alfonso, como a tantos otros, lo fiché cuando me hizo saber que quería cambiar. Lo que nunca he hecho ni haré es ir a un profesional que está a gusto en otra empresa y decirle: «Deja tu puesto y vente conmigo, que te voy a pagar más». No quiero decir que sea ilícito, pero a ningún empresario le gusta que le quiten, a golpe de talonario, profesionales que son importantes para su proyecto. Ya he explicado, por citar otro ejemplo, el caso de Enric Besalduch, al que fiché cuando me dijo que se planteaba volver a España por temas familiares.

Un caso reciente es el de Jorge Saiz, que se está incorporando justo en el momento de escribir estas líneas, a primeros de marzo de 2023. Jorge era un hombre fuerte de Dani García, el cocinero, en un proyecto fantástico de *delivery* llamado La gran familia mediterránea. Contacté con él para meter la marca Enrique Tomás dentro del paraguas de ese gran proyecto. Empezamos a trabajar y me pareció un tío estupendo. Un buen día recibí un correo que iba dirigido a toda una lista de gente en el que Jorge anunciaba su marcha y se despedía dándonos las gracias a los que habíamos tenido alguna relación profesional con él. Sólo cuando supe que se iba en buenos términos con Dani García le hice una oferta para ponerse al frente del proyecto de *delivery* de Enrique Tomás, y la aceptó.

Tal vez te suene un poco místico, pero desde hace muchísimo tiempo creo que son los proyectos los que buscan a las personas y no al revés. Por eso, cuando vi que Jorge se iba, conecté los puntos y le dije: «Tengo un proyecto para alguien como tú». Se lo expliqué y le encajó tanto que se vino desde Marbella, que era donde estaba viviendo, a Tiana, al lado de Badalona. Y se vino con toda su familia.

Pero me he desviado un poco. Me pasa siempre, voy saltando de una cosa a la otra porque tengo mil temas en la cabeza. Pero al final siempre encuentro el hilo. Así que volvamos al 24 de diciembre de 2021.

Estaba yo frente al televisor porque sabía que en aquel momento entrevistaban a mi hijo Albert para hablar en la televisión autonómica de Cataluña del jamón ibérico y de nuestra empresa. Y sabía que iría acompañado de Andrea, la hija de Alfonso García, que se iba a encargar en directo de cortar jamón, algo que hace de maravilla. Lo que no me imaginaba es que cuando los vi allí a los dos, tan jóvenes, tan guapos (porque si Albert es guapo, Andrea todavía más), tan competentes... ¡Me emocioné profundamente! Sentí algo que cualquier padre seguro que puede entender: había logrado cerrar el círculo. Mi hijo ya no era un joven buscando su lugar en el mundo, sino un pedazo de profesional defendiendo con soltura y habilidad la empresa que su padre había puesto en marcha humildemente casi cuarenta años antes, en 1982. La misma a la que él se había incorporado en 2008, cuando también tenía dieciséis, y de la cual, después de años de aprendizaje, era el director general adjunto. De alguna forma, sentí que había llegado a algún sitio, que había logrado algo bueno, que aquello era un hito en mi vida.

Me di cuenta de que había continuidad para aquello por lo que yo tanto había luchado y seguía luchando. Había dos personas en televisión representando a la compañía y no éramos ni Alfonso ni yo, sino nuestros hijos. Una nueva generación, el relevo. Porque no puedo ni quiero olvidar de dónde vengo: yo soy hijo de la inmigración, de un hombre y una mujer que llegaron a finales de los años cincuenta a Cataluña sin nada para ganarse humildemente la vida con el sudor de su frente, y que salieron adelante en un barrio de Badalona donde la mayoría eran como ellos, inmigrantes e hijos de inmigrantes. De ahí vengo, y me siento orgulloso, porque si algo he llegado a ser es también por el esfuerzo y el ejemplo de esas dos personas.

Yo no tengo ocho apellidos catalanes, ni siquiera tengo uno, pero me siento y soy catalán. Catalán y español. Y no voy a entrar en política, porque no es mi terreno, pero sí me parece importante explicar esto para contextualizar el relato y que entiendas por qué aquel día me emocioné escuchando a aquellos dos jóvenes en la televisión catalana. Dos jóvenes que eran a los ojos de todo el mundo catalanes y españoles de pleno derecho que hablaban con soltura y naturalidad catalán y castellano.

Feliz, llamé a Núria, mi hija, y le pregunté: «¿Lo has visto? ¿Has visto a tu hermano?». Se me caía la baba, por él y por Núria, que ya hacía tiempo que era independiente. Sentía de alguna forma que aquello era un paso adelante, un círculo que se cerraba satisfactoriamente, un motivo de orgullo. No hay que olvidar que yo vengo del «cinturón» de Barcelona y que en Cataluña he sido durante mucho tiempo y para muchos «el de los jamones que salía con Justo Molinero», o sea, con el dueño de una radio de raíces andaluzas. Un profesional de la radio y un locutor con un pedazo de voz que cuando habla en catalán, por muy bien que lo haga, se nota que es un andaluz hablando en catalán.

Y por eso, mientras los miraba, me dio por pensar que cualquiera que estuviera viendo aquello y me conociera pensaría: «Vaya con el charnego, ha montado un imperio». Porque cualquiera que viajara vería que mi nombre y mi marca estaban en un montón de aeropuertos y en un montón de ciudades. Y que diría: «Y, además, mira qué raíces tan profundas tiene».

Aquella Navidad la viví de forma muy diferente a la anterior. Sentía que había camino, y que el día que yo no estuviera, seguiría habiéndolo. Y eso me dio una paz enorme.

Cuando mi hijo Albert me explicó, con dieciséis años, que no tenía claro qué estudiar, que no tenía ninguna vocación concreta, le dije que se viniera conmigo, que yo le daría un máster de lo que a mí se me daba bien, que es vender y hacer negocios. Algunos se sorprendieron de que le hiciera esta propuesta, pues pensaban que lo estaba desincentivando a estudiar. No me lo decían directamente, pero sé que pensaban: «¿Cómo puede ser que este tío paleto esté diciendo esto y no esté obsesionado con que su hijo tenga una carrera?». Pero no es que yo no quisiera que estudiara. Me hubiera encantado que se sacara una carrera. Pero no tenía una vocación clara. Y estudiar por estudiar me parecía una mala idea.

Cuando yo era un chaval, estudiar una carrera podía marcar la diferencia entre tener un buen empleo y ganarse bien la vida o tener empleos precarios y sobrevivir a duras penas. Pero en 2008, cuando mi hijo acabó los estudios obligatorios, ya no era así. ¡Y ahora mucho menos! Una carrera, hoy en día, no es garantía de nada. No digo que estudiar sea inútil, pero lo importante no es la licenciatura ni la diplomatura, ni siquiera el máster. Lo importante hoy es otra cosa: la actitud, las ganas de aprender, la capacidad de trabajar en equipo, la capacidad de superación, etcétera. O sea, cosas que no se enseñan en ninguna universidad.

Por tanto, una carrera no sirve de nada a menos que tengas muy claro que te quieres dedicar a eso y que le vas a destinar los mejores años de tu vida. Estudiar porque lo hace la mayoría es un error. Como no te interesa, no vas a ser bueno en eso y vas a estar en desventaja. Lo que sí hay que hacer es aprender siempre. De hecho, no hay que dejar de aprender nunca.

En definitiva, cuando en 2008 tenía que decidir qué hacer, decidió empezar a trabajar conmigo. Coincidió con la apertura de la barra de degustación en el centro comercial

Les Glòries de Barcelona, la primera de aquel tipo que montábamos. Y a partir de ahí fue aprendiendo y aprendiendo, con su estilo discreto y atento, tan distinto del mío —por suerte.

Y hoy, en el momento de escribir esto, Albert Tomás Mendo tiene treinta y un años y ya está en la dirección general de la empresa, asumiendo cada día más responsabilidad. Mi intención es dejar en sus manos la compañía dentro de unos años, hacia 2029, según mi último plan 2023-2029, del que hablaré más adelante. Él asumirá totalmente la dirección ejecutiva y yo un papel como presidente. De hecho, ya estamos empezando, poco a poco, la transición. Y estoy tranquilo y feliz porque sé que está preparado. Por supuesto, tiene cosas que aprender, como todos, pero sabe cómo funciona el negocio y sabe estar en su sitio. Son muchas las personas que cuando lo ven actuar en una cata, por ejemplo, me dicen: «Joder, Enrique, tienes un *crack*». Y yo toco una vez más la piedra del agradecimiento en mi bolsillo y, en silencio, doy gracias a Dios.

Será Albert, y nadie más, quien decida si será él el próximo CEO o no.

10

Enero, 2022: subida de salarios

Estábamos dándole la vuelta a la tortilla. Teníamos ciento once puntos de venta en diferentes países del mundo. Eran ya dos puntos de venta más que antes de la pandemia. De no haber sido por el coronavirus, probablemente habríamos crecido mucho más, como estaba previsto, pero aun así estábamos saliendo adelante y con buen paso.

Me planteé entonces que era el momento de subir los salarios a los empleados que, como es lógico, se habían congelado durante la parte más dura de la pandemia. En realidad, ya lo había decidido en octubre de 2021, pero lo comenzamos a aplicar entre enero y febrero de 2022. No había empezado todavía la guerra entre Rusia y Ucrania, pero los precios de muchos productos ya estaban subiendo y para las familias era cada día más difícil mantenerse con los sueldos que se estaban pagando en el sector de la hostelería a las personas que servían o atendían a los clientes. Los sueldos, en torno a 1.100 o 1.200 euros netos al mes, apenas les daban para pagar el alquiler, sobre todo en ciudades como Madrid o Barcelona, donde era literalmente imposible encontrar una vivienda digna con ese nivel de salario.

El 31 de enero participé en una mesa redonda dentro del II Congreso de F&B Hotelero organizado en Madrid por el Club TOP F&B (las siglas significan *food and beverage*, o sea, 'alimentación y bebidas'). Era una mesa redonda sobre los recursos humanos en el sector de la hostelería. Allí hice unas declaraciones que levantaron ampollas. Dije algo que en realidad clamaba al cielo, pero que nadie se atrevía a afrontar: o les pagamos 1.500 euros al mes a nuestros trabajadores, o vamos a tener graves problemas para encontrar personal que quiera trabajar en nuestros establecimientos. Y no olvidemos que para que nuestros negocios funcionen, como cualquier otra actividad humana, necesitamos personas que trabajen en ellos y que lo hagan con ganas.

También expliqué que para 2022 en Enrique Tomás habíamos hecho una provisión de 1,6 millones de euros para incrementar el coste de empresa por empleado en unos 6.000 euros, lo que suponía un incremento bruto del salario para cada uno de los trabajadores de algo más de 4.000 euros anuales de media. Todo esto lo dije en una mesa redonda en la que tenía al lado a José Luis Yzuel, presidente de la patronal hostelera española, al que veía que le iba cambiando la cara de color a medida que yo hablaba. Me gusta ser claro cuando digo las cosas, y aquel día no hice una excepción. Creo que hablando claramente se entiende la gente. Si todo el mundo expresara las cosas como las piensa, otro gallo nos cantaría. Eso sí, siempre con respeto y argumentando tu postura sin faltar a nadie.

Por tanto, lo que vine a decir fue que no teníamos más remedio que pagar más a nuestra gente. José Luis Yzuel discrepó de mí, claro, y replicó que muchas empresas no podían asumir un incremento de un 30 por ciento en el coste del personal, lo cual seguro que era cierto, pero mi contrarréplica fue que no era una opción: o lo hacíamos o nos quedábamos, antes o después, sin empleados en las grandes ciudades y en las zonas donde los alquileres estaban disparados, como las islas Baleares.

Yzuel también replicó que las subidas salariales sólo eran una motivación a corto plazo. Eso puede ser cierto si la persona tiene un sueldo con el que puede ya vivir dignamente, pero si ni siquiera le llega para lo básico, no estamos hablando de motivación, sino de pura supervivencia. Si un trabajador de un bar de Madrid cobra 1.100 euros netos al mes, no puede vivir dignamente, pues el alquiler de un cuchitril ya le cuesta 700 u 800. Por tanto, no hay que ser un genio para adivinar que se acabará yendo a una empresa que se los pague, a otro país donde se paguen sueldos más dignos o a vivir al campo, donde todo es más barato. No es algo, en definitiva, sostenible.

Sigo pensando lo mismo que dije una vez en un programa de televisión de Javier Sardà: el dinero no da la felicidad, pero la falta de él te priva de ella.

La gestión de los recursos humanos es una de las partes más complicadas de la actividad de un empresario. Muchas de las prácticas habituales hace unos años han dejado de serlo y tenemos que adaptarnos a los tiempos. Para empezar, creo que hay que dejar de hablar de recursos humanos y hablar de personas que forman parte de la empresa o el proyecto, o que colaboran de alguna forma con él. No son un medio para conseguir un beneficio a final de año, sino seres humanos que, trabajando en común, tiran adelante un proyecto que tiene que ser beneficioso para todos: para ellos, para los accionistas y para la sociedad en general.

El empresario, por la cuenta que le trae, tiene que pagar unos salarios dignos que permitan a su gente vivir también dignamente. Lo contrario es pan para hoy y hambre para mañana. Y diré más: no sólo tiene que pagar unos salarios dignos, también tiene que velar por su felicidad. O sea, además del salario en euros, darles también un salario emocional. Es por esto, como también expliqué en aquella mesa redonda, por lo que yo contraté a Rafael Santandreu y decidí invertir en la felicidad de mi gente. No para motivarlos, sino para que sean más felices. Para que los que no sepan gestionar bien sus emociones aprendan, para que los que sienten miedo lo sientan menos, para que los que no aprovechan el regalo de tener a gente maravillosa a su alrededor lo aprovechen. Porque, a partir de la base —que es tener un sueldo digno, una vivienda digna y suficiente dinero para comer y pagar las facturas—, lo que hace felices a las personas es ver crecer a sus hijos, tener buenos amigos, levantarse cada mañana con ganas de afrontar el día, disfrutar de un buen ambiente de trabajo, tener el mínimo posible de angustia y gestionar bien la que se tenga, etcétera. Y para eso hay que conocer y practicar «el arte de no amargarse la vida», como explica Rafael Santandreu, y de «hacer que te pasen cosas buenas», como explica en uno de sus libros mi admirada amiga Marian Rojas Estapé.

Como empresario, tengo claro que una de las claves del éxito es contar con talento motivado, o sea, con personas capaces que, además, tengan ganas de contribuir a un proyecto. ¿Y qué les tengo que dar a cambio para que vengan o se queden conmigo? Muy sencillo. Son sólo tres cosas: un sueldo que les permita vivir y las haga sentirse valoradas, un proyecto que les ilusione y unas condiciones de trabajo razonables. Si no puedo darles estas tres cosas, mi negocio no prosperará. Por eso, si una tienda no me permite pagar un sueldo digno ni ofrecer unas buenas condiciones de trabajo, la cierro. ¿Para qué voy a mantenerla abierta si ellos viven de manera miserable y yo tampoco estoy ganando dinero?

A veces la solución pasa por mejorar la eficiencia. Optimizando los procesos es posible, en ocasiones, que el trabajo que hacen cuatro personas lo puedan hacer tres. Eso supone que esas tres pueden cobrar un sueldo digno y el negocio se puede mantener. Por tanto, también hay que explorar esta posibilidad.

Y, por supuesto, no hay que andarse con muchos remilgos cuando una persona pone palos en las ruedas en lugar de remar a favor. O cuando una persona claramente demuestra que no tiene la capacidad o la actitud adecuadas. No digo que haya que dejarse la salud en el trabajo, pero sí ponerle ganas y tratar de mejorar un poco cada día. Por tanto, o aportas o te apartas, lo que no puedes hacer es lastrar a los demás.

La eficiencia no es opcional. Eso es algo que aprendí en el

Curso de Alta Dirección en la Cadena Alimentaria (ADECA), que había hecho ya en 2015 en San Telmo (Sevilla) y que volví a hacer en 2022 para refrescar conocimientos y renovarme. Si no eres eficaz, estás muerto. Tienes que hacerlo perfecto, sobre todo a nivel comercial. La mediocridad no es una posibilidad.

Hablando de eficacia, ya que fui a aquella mesa redonda en Madrid, aproveché para vender mi pescado. No hay que perder ni una sola oportunidad de hacer crecer el negocio. En aquella ocasión, aproveché para hablar con los hoteleros y postularme para coger sus locales y mejorarlos. Coincidía que estaba desarrollando un nuevo concepto, Express&Co, para poder acceder a algunas licitaciones de AENA. Pensé que ese concepto, que mezclaba servicio de cafetería y cervecería, podía ser una solución para muchos hoteles que no saben qué hacer con sus locales o que quieren subir su nota en TripAdvisor y otras plataformas de viajes. Así que aproveché que estaba allí para hablar con directivos de cadenas hoteleras. Y apenas un año después ya había firmado con varias de ellas la explotación de sus espacios de cafetería, bar, etcétera.

¿Qué quiero decir con esto? Pues que no se debe desaprovechar ninguna oportunidad para promover tu negocio, para mejorar, para crecer. Tienes que poner el alma en cada cosa que hagas. Cuando yo empecé a trabajar, con apenas doce años, en la tienda de pollos asados que montaron mi padre y mis hermanos, mi función en un principio era sólo tomar nota de los encargos pero, ya que estaba allí, aproveché para aprender cómo funcionaba todo. Y así, cuando unos años después surgió la oportunidad de tener mi propio negocio, ya estaba preparado, ya sabía hacer todo lo necesario. No me limité a hacer lo mínimo, sino que traté de hacer lo máximo.

Ésa es la actitud que te lleva a la eficacia y la que te permite aprovechar las oportunidades, ya que cuando pasan, te encuentran preparado.

Aquella mesa redonda de finales de enero de 2022 y mis declaraciones trajeron cola. Muchos empresarios se expresaron en un sentido u otro y las redes se llenaron de gente que me aplaudía por decir las cosas claras y gente que me criticaba por incendiario (puedes buscar en Google «E. Tomás 1.500»).

Pero más allá de las opiniones de unos y otros, la realidad al final se impuso, como hace siempre: la inflación se disparó, especialmente a raíz del inicio de la guerra de Ucrania a finales de febrero de 2022, y subieron los tipos de interés. Y durante los meses siguientes, a la gente le costaba cada vez más llegar a final de mes.

¿Y qué pasó cuando llegó el verano? Pues lo que era de esperar: que en el sector hotelero y turístico en general empezó a escasear la mano de obra, hasta el punto de que algunos hoteles no pudieron abrir por falta de personal. No voy a soltar aquello de «yo ya lo dije», pero la verdad es que se veía venir.

Nosotros hicimos los deberes y ésa fue otra de las claves que nos permitió seguir remontando tras la debacle de la pandemia. Todavía teníamos que remar mucho, entre otras cosas porque las ventas de 2020 habían caído muy abajo y seguíamos teniendo que pagar las deudas adquiridas, primero para sobrevivir y luego para seguir creciendo.

Pero teníamos la fuerza de cientos de personas que cada mañana se levantaban dispuestas a sacar adelante el proyecto. Y que creían en lo que yo les explicaba porque veían que se iba cumpliendo.

11

Febrero, 2022: un Comité de Dirección histórico

Si miro hacia atrás, veo que continuamente me la he estado jugando. Lo hice con la crisis de 2008, cuando aposté por seguir creciendo, y lo volví a hacer en 2020, cuando en plena COVID-19 decidí hablar con AENA y expandirme en los aeropuertos. En aquel momento casi nadie volaba, incluso se decía que la pandemia iba a cambiar nuestros hábitos y que era el momento de viajar menos y teletrabajar más. Mi apuesta era otra: que a medida que se recuperara la normalidad volveríamos a viajar como antes de la pandemia, si no más. Salió cara; podía haber salido cruz.

Me la jugué de nuevo en febrero de 2022. A finales de ese mes empezó la invasión de Ucrania por las tropas rusas. De pronto se produjo una subida bestia del precio de la energía, que ya estaba muy disparado, y reapareció el miedo. Mucha gente supuestamente cualificada hablaba de una gran recesión a la vuelta de la esquina.

En ese contexto, en la empresa celebramos un Comité de Dirección muy tenso que para mí fue histórico, probablemente el más importante de mi vida. Estábamos presentes Albert Tomás, Dani Fornesa, Xavi Bru, Carlos Dasilva, Juan Carlos Piqueras y Marta Lara. Se alzaron varias voces partidarias de recoger velas y frenar la expansión. Había miedo, mucho miedo. Y era lógico: todavía no habíamos salido de una gorda cuando entrábamos en otra.

En medio de la discusión, propuse que paráramos un momento y que reflexionáramos en silencio durante tres minutos. Cuando acabó el tiempo, tomé la palabra. No recuerdo exactamente lo que dije, pero sí las dos ideas que les transmití:

1. No pienso renunciar a mi sueño y no voy a levantar el pie del acelerador.
2. El que quiera saltar del barco que lo haga ahora, porque si veo que está poniendo palos en las ruedas, lo echaré inmediatamente.

Sí, muy contundente, incluso muy duro, pero a veces, cuando uno tiene las ideas claras y el destino en su mente, debe serlo para que nadie lo desvíe. Yo tenía claro que no iba a renunciar a mis planes de crecimiento y, sobre todo, a mi sueño de hacer algo grande como empresario. Lo tenía claro desde que era pequeño y se lo decía a mi madre: «Mamá, yo voy a hacer algo grande». Y muchos palos tendrían que darme para que renunciara a eso.

En aquel momento yo tenía cincuenta y cinco años y llevaba casi cuarenta construyendo mi sueño. Las había visto de todos los colores. Y si algo había aprendido es que la macroeconomía se mueve por ciclos. Durante unos años hay un ciclo de expansión y luego, por una serie de motivos que sería largo explicar aquí, el ciclo expansivo acaba y empieza uno de contracción. Se produce una crisis, la economía se contrae y durante unos años la inflación sube, el consumo baja, el dinero es más caro, etcétera. Y al cabo de unos años, vuelta a empezar.

Así que eso fue lo que les dije: no voy a quitar el pie del acelerador y el que se quiera bajar que se baje. Porque en aquel momento había personas reticentes a aceptar mi proyecto de crecimiento, que pensaban que era mejor ser conservadores y renunciar a ciertas operaciones arriesgadas. Por supuesto, su opinión era respetable, pero no coincidía con mis proyectos. Y yo no estaba dispuesto a que arrastrasen al resto en una dinámica de miedo y marcha atrás. El que no remase a favor estaba a tiempo de irse por la puerta grande con todo mi agradecimiento. Pero si se quedaba y yo veía que estaba remando en contra, saldría por la puerta pequeña y sin honores. Así de claro.

Mi hijo Albert, que comparte la dirección de la empresa conmigo y que normalmente no me regala nada, me dijo después de aquella reunión: «Papá, ha sido lo más bestia que he vivido nunca contigo».

En ese comité se decidió también la oferta ganadora de las máquinas de *vending* del aeropuerto de Barcelona, en total 177. En ella nos comprometíamos al pago de una importante cantidad en los siguientes cinco años. Quiero agradecer su colaboración a la empresa Alliance Vending y en especial a Javier Arcarons, que, sin apenas conocernos, nos aportaron la capacidad técnica indispensable para acceder a la licitación. El 3 de agosto de 2022 salimos vencedores del concurso. ¿Genialidad o idiotez...? Hagan apuestas.

Ya en la crisis interna de 2015 me había planteado varios escenarios y uno de ellos era bastante conservador. De hecho, era la opción más sencilla. Consistía básicamente en renunciar a crecer y ajustar la estructura a la realidad del momento, lo que significaba quedarme con las mejores tiendas y las mejores personas, cerrar las tiendas menos rentables y renunciar a cualquier aventura, o sea, a cualquier proyecto que no fuera concreto, conciso y claro. Pero esto suponía renunciar a mi sueño de hacer algo realmente grande e importante en el mundo de la empresa.

Luego, cuando llegó la pandemia, tuve que hacer ajustes inevitables, como quitarme estructura en Madrid y en Londres, pero en cuanto volvió un poco la normalidad y empezamos a remontar, retomé mis objetivos de crecimiento. La nueva crisis que se planteó a principios de 2022 provocó una nueva oleada de miedo y pesimismo, pero por suerte me pilló a una edad en que ya había vivido suficientes crisis como para relativizar su impacto. Si mi negocio hubiesen sido las criptomonedas o el *trading*, quizás me habría echado a temblar, pero lo mío no es un negocio cortoplacista. Lo mío era y es un proyecto de vida. Un proyecto que no es sólo para mi beneficio, sino que pretende dejar un legado para cuando yo ya no esté al frente.

No me mueve el egoísmo ni la avaricia ni el afán de riqueza. Porque en realidad yo no necesito mucho para vivir. Lo he dicho e insisto en ello. Tengo el coche que quiero y no necesito otro. Tengo la casa que quiero y no necesito otra. De hecho, ya hace muchas casas que estoy contento con la casa en la que estoy. Ya me sentía bien en la primera. Me siento a gusto con cierta frugalidad y creo que el consumo desmedido es uno de los mayores males que tiene esta sociedad. A mí, lo que realmente me genera placer es estar con mi familia y mis amigos, andar, el tenis, leer...

Seguir apostando por crecer en aquel momento, con una guerra recién iniciada y una inflación desbocada, era arriesgado, por supuesto. Pero ser empresario es, entre otras cosas, arriesgar. Con cabeza, pero con valentía. Aceptando que siempre hay riesgos, pero que eso forma parte del juego y que aquí hemos venido a jugar. Y si esto no te va, es respetable, pero busca un trabajo seguro.

En aquella reunión del comité alguien dijo que estaba poniendo en riesgo la empresa. ¿Que la estaba poniendo en riesgo? ¡Pues claro! ¿Cómo vas a hacer algo potente de verdad sin ponerla en riesgo? Ya lo había hecho otras veces y estaba dispuesto a seguir haciéndolo. Porque lo contrario es quedarse a medias, y yo no soy de medias tintas. En el peor de los casos, si no lo conseguimos, al menos nos quedará el orgullo de haberlo intentado, de no conformarnos.

Ésa es mi filosofía. Respeto las demás, pero ésa es la mía. Por eso, en aquella reunión fui muy claro y les dije que no me iba a detener. Y les dije también que si alguien no estaba de acuerdo y quería irse, aquél era el momento. Porque podía tolerar que alguien remara poco o no remara, pero no que remara en dirección contraria. Si alguien estaba cansado, que levantara los brazos y pidiera el cambio.

Eso era comprensible, porque todos tenemos momentos en que estamos cansados. Pero si veía a alguien remando en dirección contraria, mi decisión sería firme: lo sacaría de la barca.

Y eso es justamente lo que hice.

12

Abril, 2022: la agradable sensación de «haber llegado»

Igual que hay momentos en que uno no ve la salida del túnel, hay otros en que todo es luz y se abren mil y una posibilidades. Es entonces cuando todo el esfuerzo que has hecho, toda tu resistencia ante las dificultades cobra sentido. Uno de estos momentos se produjo a principios de abril de 2022, dos años largos después del inicio de aquella pesadilla de pandemia.

Acudimos, como cada dos años, a la feria Alimentaria de Barcelona, el salón de referencia de la industria española dc la alimentación. La edición de 2020 se había tenido que cancelar por razones obvias, pero la de 2022 volvía a tener las dimensiones de siempre: unas tres mil empresas del sector, la mayoría españolas. Daba gusto ver de nuevo a gente conocida presentando sus productos y con ganas de volver a impulsar sus negocios. En general, se respiraba un buen ambiente, a pesar de las noticias que llegaban de Ucrania y de las bolsas mundiales.

Para nosotros fue una feria especial sobre todo por un motivo: tres grandes empresas intentaron comprarnos. Ni una ni dos, tres. No diré los nombres por discreción, como es lógico, pero sí daré un dato: una de esas empresas llegó a poner encima de la mesa una oferta importante, que superaba mis objetivos económicos. El único «problema», por llamarlo de alguna forma, era que yo no tenía ninguna intención de vender. Tampoco quería que entrara un socio inversor que simplemente pusiera dinero a cambio de un porcentaje de la compañía. El dinero ya me lo daban los bancos. Puestos a tener un socio inversor, tenía que ser alguien potente con un proyecto que me ayudara a cumplir con mis objetivos.

Aquellas ofertas justamente me sirvieron para reafirmarme en mi intención de seguir adelante con los objetivos de crecimiento que me había marcado. Vi claro que si jugábamos bien nuestras cartas, si hacíamos las cosas bien, podíamos acabar construyendo una empresa que tuviera un valor enorme.

Aquella primavera parecía que todo florecía. Poco después de Alimentaria fui a Montecarlo para asistir a su famoso torneo de tenis, que para mí tiene algo especial. Por supuesto, Roland Garros y Wimbledon son impresionantes, y ahora también el Torneo Conde de Godó de Barcelona y Masters de Madrid, pero Montecarlo tiene algo especial, un glamur que no tienen el resto.

¿Por qué fui a Montecarlo? Por dos motivos. En primer lugar, porque soy un apasionado del tenis. Si algún sueño he tenido en mi vida, además de hacer algo grande como empresario, ha sido el de ser tenista profesional. No nací en una familia que me pudiera facilitar los medios que hoy en día son necesarios para que un niño juegue al tenis y alcance un buen nivel, pero eso no me ha impedido seguir siendo un gran aficionado toda la vida. A finales de los ochenta y en los noventa disfruté como un loco con las victorias de los hermanos Sánchez Vicario, especialmente las de Arantxa en la tierra batida de Roland Garros. Y también, claro, las de Conchita Martínez, a la que me une una gran amistad y que tiene el enorme mérito de haber sido capitana del equipo español de la Copa Federación y después del de Copa Davis, convirtiéndose así en la primera mujer en estar al frente de la selección masculina de tenis.

El segundo motivo por el que fui al Masters de Montecarlo es porque en aquel momento estábamos estudiando la posibilidad de vender allí nuestros productos. Después del bajón de la pandemia, mi cabeza volvía a estar a mil. Había recuperado muchas de las ideas que ya tenía sobre cómo expandir el negocio y habían aparecido otras nuevas, como la que ya he comentado de montar Express&Co en hoteles. Entre las primeras, estaba la idea de instalar puntos de venta en estadios de fútbol o en eventos deportivos multitudinarios como los grandes torneos de tenis. En ambos casos, la idea consistía en montar una pequeña infraestructura móvil durante los días de competición para que los espectadores pudieran disfrutar de nuestros productos antes, durante o después de los partidos.

Hay personas que se sorprenden cuando lanzo un nuevo proyecto, incluso algunas de mi equipo. Lo que no saben (salvo los que me conocen mucho, claro) es que yo tengo cajones enteros con ideas apuntadas. Mi cabeza no para de imaginar posibilidades y se me ocurren muchísimas ideas que anoto en mis libretas y que siempre tengo presentes. Están ahí, en una especie de duermevela, hasta que encuentro el momento propicio para empujarlas. Y después del bajón de la pandemia, parecía que había llegado el momento de sacarlas de su letargo y que vieran la luz. Con aquella nueva primavera, parecía que todo quería florecer.

Justo después de Montecarlo fui al Torneo Conde de Godó de Barcelona. O sea, más tenis y más disfrute. Aunque para mí también hay una parte de trabajo cuando voy a este tipo de eventos. Normalmente no me limito a ver el espectáculo, sino que aprovecho para hacer mi trabajo.

Para que lo entiendas, en estos torneos no sólo se juega en la pista. Pasa lo mismo que en los palcos del Barça o el Madrid: algunos van simplemente a ver los partidos, pero otros aprovechan para hacer *networking* o directamente negocios.

En mi caso, además de tener acceso a las pistas y al *village*, me suelen invitar a la comida con vips que monta la organización del torneo, a la que asisten los máximos responsables del Club de Tenis Barcelona y de los patrocinadores, además de empresarios, artistas, periodistas y, en general, figuras destacadas de la sociedad barcelonesa, especialmente de su tejido económico.

Para un charcutero del barrio de La Salut de Badalona, que es lo que sigo siendo, estar en un entorno con empresarios que facturan miles de millones o con figuras públicas que salen todos los días en televisión no deja de ser sorprendente. A veces me miro desde fuera y me digo: «¿Cómo puede ser que te inviten a estas cosas? ¿Y cómo puede ser que encima te pregunten y te escuchen con interés?». Y me invade el famoso síndrome del impostor.

Como en el conocido poema de Machado, nunca perseguí la gloria, pero reconozco que siento un pellizco de satisfacción cuando me encuentro rodeado de personas de un cierto nivel, ya sea económico o político o artístico. Con el tiempo me he hecho muy amigo de algunos de ellos y me he dado cuenta de que, detrás de la máscara pública que todos tenemos, hay personas que disfrutan y sufren como todas las demás.

Aquel mes de abril, en aquel entorno, muchas de aquellas personas se acercaban a mí para preguntarme cómo me iban las cosas y para felicitarme por los éxitos recientes de mi empresa. La mayoría habían leído entrevistas que publicaban los medios de comunicación. Se acercaban y me preguntaban cómo había conseguido sobreponerme a la crisis y se mostraban muy interesados en lo que les contaba. Algunos, incluso, me decían admirados: «Enrique, eres un *crack*».

Viendo la consideración que tenían hacia mí personas a las que admiro, tuve un sentimiento muy especial. A ver si sé explicarlo bien para que no se me malinterprete... Fue un sentimiento como de «ya he llegado». No es que me sintiera importante o que se me inflara el ego. Era algo más íntimo, una sensación de que mis esfuerzos de tantos años habían valido la pena, de que había logrado algo. Quizás todavía no era lo que quería o a lo que aspiraba, pero era algo ya remarcable, meritorio.

Fue un poco, salvando las distancias y con matices, como lo que sentí cuando unos meses antes vi a mi hijo Albert y a Andrea García representando la marca Enrique Tomás en TV3. Un gozo íntimo, una paz de espíritu, una emoción de plenitud, un profundo orgullo, en el buen sentido de la palabra orgullo.

Aquel día anoté en mi diario una sencilla frase: «Empieza la vida». La afirmación era exagerada, claro. No es que empezara mi vida, pero sí podía decirse que empezaba una nueva etapa. Una que todavía dura en el momento de escribir estas líneas y que seguramente está siendo la más bonita de mi vida. Porque después de años de un esfuerzo enorme y de ver cómo casi perdía la empresa, recogía un reconocimiento que, aunque no era lo más importante para mí, me producía una profunda satisfacción. Y porque, además, estaban pasando un montón de cosas interesantes y se estaban abriendo un montón de puertas.

¿Qué más podía pedir?

13

Mayo-junio, 2022: celebrando la vida

El 7 de mayo se casó mi hijo Albert, otro motivo de satisfacción y otra razón para mirar al cielo y decir «gracias, Señor».

¡Qué diferencia entre mi estado de ánimo durante la boda de mi hija, en octubre de 2020, y la de mi hijo, un año y medio después! En la primera me sentía agotado, emocionalmente hundido, sin apenas ánimo para seguir. Mi gran preocupación era disimular y que nadie se diera cuenta, porque no quería amargarle a mi hija uno de los días más importantes y felices de su vida. En cambio, en la boda de mi hijo me sentía pletórico. No sólo por la felicidad de verlo a él feliz, que también, sino porque yo tenía otra energía. Me sentía, dentro de las dificultades, más optimista y más confiado.

Seguro que lo transmitía, porque notaba cómo la gente me buscaba igual que se busca la compañía de los triunfadores. Y no es que yo ya me sintiera un triunfador, pero es cierto que tenía una confianza de la que carecía apenas unos meses antes. Las ofertas de compra que había recibido en Alimentaria y los agasajos que me procuraron algunas personas top del mundo de la empresa catalana durante el Godó me habían dado un chute importante de autoestima. Por supuesto, ni unos meses antes era un fracasado ni en aquel momento un *crack*, por mucho que unos y otros me lo repitieran.

Por cierto, mientras escribo esto me detengo un momento, meto la mano en el bolsillo y toco mi «piedra» del ego. En algún capítulo anterior he anunciado que hablaría de ella, y creo que éste es un buen momento para hacerlo. Como ya he explicado, suelo llevar encima, normalmente en algún bolsillo, una serie de pequeños objetos que tienen para mí la función de anclarme en el presente y de impedir que me desvíe de mi centro o, como dicen ahora, que se me vaya la pinza. Ya he hablado de la piedra del agradecimiento, que es un baldosín de gresite de mi piscina, un objeto frágil y ligero que para mí representa el agradecimiento y que he compartido ya con unos cuantos amigos, con los que formamos una pequeña «comunidad del agradecimiento». Pero también está la piedra del ego, que actualmente es una bala. Podría tener cualquier otra forma, pero la bala tiene para mí el sentido de que me ayuda a «matar» el ego. La «piedra» del ego de momento sólo la he compartido con mi querido amigo Carlos Latre, nuestro genial humorista y actor, además de empresario, y fue porque él me la pidió cuando un día se lo expliqué.

Por extensión, la bala sirve para «matar» otros malos sentimientos como la avaricia o la envidia, que al fin y al cabo son sirvientas del ego. En mi caso, me ayuda también a escuchar atentamente a los demás y conectar con ellos, pues una de las consecuencias de la «inflamación» del ego es que no escuchas o, mejor dicho, sólo te escuchas a ti mismo.

Además de estos dos objetos-ancla, a los que llamo genéricamente «piedras», tengo otros cinco. No siempre los llevo todos encima, claro, sería un lío. A veces sí y a veces no, en función de lo que personalmente necesite en cada momento. Estas últimas cinco son «fichajes» más recientes. Cada una tiene su propio significado. Está la piedra del cuidado, que me recuerda que tengo que cuidarme un poco más. Me la dio Lidia Blánquez, autora del libro *Del ayuno a la conciencia*, para recordarme que tenemos que cuidarnos físicamente, sobre todo comer menos y mejor. También está la piedra de la salud, que no es exactamente lo mismo que la del autocuidado, aunque está conectada. Y la de la respiración, que me regaló el gran médico y científico Eduardo Anitua. Recuerdo que me dijo: «Enrique, la mayor parte de los problemas se deben a que no respiramos bien». Cuando la toco, paro un momento, tomo conciencia de cómo estoy y respiro bien.

Por último está la piedra de la familia. Me la dio Raúl Sánchez, cofundador de The Knowmads Hub y apasionado del emprendimiento. Con Raúl tuvimos una enorme conexión desde el momento en que nos conocimos. Yo creo que incluso antes, porque ya me habían hablado muy bien de él. El caso es que enseguida fue como si nos conociéramos de toda la vida, dos almas gemelas que tenían que encontrarse y se encuentran. No es algo que me pase muy a menudo.

En realidad, hay una última «piedra». No la he incluido en el resto porque tiene un sentido muy personal. Simboliza el secreto (o secretos) que todos llevamos dentro y que no desvelamos nunca a los demás. Cosas muy íntimas que sólo yo conozco y que, por supuesto, tampoco desvelaré aquí. Tiene forma de llave, una llave pequeña, como de una caja, aunque lo importante no es tanto que sea una llave como que tenga una personalidad propia que te ayude a conectarla inmediatamente con el sentido que le quieres dar.

Esto de los anclajes no lo he inventado yo, por supuesto. Los más famosos del mundo son los de Rafa Nadal. Antes de cada saque hace toda una serie de gestos: botar la pelota un determinado número de veces, tocarse la nariz, etcétera. Sigue siempre la misma secuencia. Y si le viene un pensamiento raro, empieza de nuevo. Es como una especie de superstición, pero tiene su utilidad, pues te da confianza, seguridad. Yo, por ejemplo, me santiguo tres veces cuando veo una matrícula capicúa y pienso que lo que estoy pensando en ese momento es cierto; o cuando me viene un pensamiento negativo o cuando despego y aterrizo durante un vuelo, tanto si lo llevo yo como otro piloto. Para mí, esto tiene que ver con la espiritualidad más que con la religión. Soy católico, pero si entramos en el fondo de mis creencias, soy más espiritual que religioso.

De todas las piedras-ancla, la más importante para mí es la del agradecimiento, pero la del ego también me está haciendo un gran servicio desde aquella primavera de 2022 en que mucha gente empezó a mirarme con admiración y a decirme «eres un *crack*». Desde entonces, siempre que noto esa mirada o alguien me lanza un elogio demasiado subido de tono, la toco y me digo: «Tranquilito, *crack*. Tranquilito, tranquilito».

Independientemente del mérito que pudiera o no tener mi desempeño como empresario, que como vengo diciendo desde el principio del libro siempre está condicionado por las circunstancias, lo que no se podía negar es que como empresa habíamos dado un salto. Estábamos jugando ya en otra liga. Lo noté, por ejemplo, cuando el 1 de junio de aquel año viajé a Punta Cana para asistir al V Congreso Iberoamericano de CEAPI para presidentes de compañías y miembros de familias empresarias.

Allí conocí a Juan Luis Cebrián, entre otras personas que hoy ya forman parte de mi día a día. La primera sorpresa fue que Cebrián ya me conocía por la prensa y conocía bien nuestra marca. La segunda fue que, después de lanzarme algunas flores que casi me sonrojaron, me dijo que quería hacer un documental sobre mi vida y que me iba a poner en contacto con su hija, Eva Cebrián, que tiene su propia productora audiovisual. Y así lo hizo.

Me doy cuenta de algo importante para mí: tenemos que empezar a pensar en grande. En Cataluña, que es donde yo empiezo, está muy extendida la cultura del *botiguer* (el tendero, el que tiene una pequeña tienda). Es una mentalidad que ha ido forjando un país, pero que en los tiempos que corren no sirve para crecer, te limita. Yo mismo sigo siendo un charcutero, pero hace tiempo que he dejado la mentalidad de la pequeña tienda para ampliar horizontes. Primero logré crear una red importante de franquicias, unas treinta. Hoy en día, de ésas sólo nos quedan siete, que representan menos del 5 por ciento de la facturación anual. En un momento determinado me di cuenta de que nuestro negocio no era franquiciable, porque no basta con que el inversor ponga el nombre y siga unas instrucciones. En mi tipo de negocio hay que estar muy encima y dejarse la piel. Es un modelo que requiere mucho esfuerzo, mucho trabajo, más del que una persona que hace una inversión de este tipo suele tener en la mente.

Hace tiempo que dejé de pensar en pequeño. La cosa se complicó con la pandemia, pero antes de eso ya había cambiado de estrategia. Ahora tenemos muchas áreas de negocio diferentes y no nos ponemos límite. ¡El límite es el mundo!

Cuando fui al congreso de Punta Cana me sentí pequeño en comparación con muchos de los empresarios que había allí, que facturaban miles de millones de euros. Mi mentalidad, en cambio, se parecía ya mucho a la suya. Ya no era la de un *botiguer* ni la de un pequeño empresario, con todos mis respetos hacia estas dos opciones. Era la de un «hacedor de negocios», como figura en mi tarjeta de visita. Alguien capaz de aterrizar las ideas y convertirlas en negocios.

No idealizo a los grandes millonarios que he conocido en estos últimos años. Algunos me caen mejor y otros peor. Algunos son más felices y otros menos. Eso sí, reconozco que me sorprendió agradablemente que en aquel momento, en Punta Cana, me trataran como a uno de los suyos. Imagina lo que es para un chico de barrio que de pronto una serie de multimillonarios y famosos lo inviten a sus mansiones o a viajar en sus aviones privados... En Punta Cana, por ejemplo, estuve en casa de los Rainieri, que son los dueños del Grupo Puntacana, que es lo mismo que decir uno de los mayores desarrollos turísticos del mundo. Porque es muy curioso: ahora todo el mundo habla de Punta Cana como de un territorio, pero nació como una marca. Es muy fuerte que con tu empresa acabes dando nombre a toda una región de un país. Eso es trascendencia.

Por tanto, parecía que había alcanzado ya el éxito, pero yo me repetía: «Enrique, no te lo creas. Los lujos no son lo importante. El éxito es otra cosa». Por suerte, siempre he tenido claro que el éxito no es la acumulación de dinero ni de casas o coches deportivos. El éxito es creer en lo que haces y poder compartirlo con la gente a la que quieres. Si haciendo eso consigues mucho dinero, perfecto, pero hay que hacerlo de una manera honrada, sin perjudicar a nadie. Al contrario, beneficiando a todos los que tienes alrededor, ayudando y colaborando en todo lo que humanamente puedas.

Mi objetivo es ponerle nombre al jamón en el mundo y creo que la compañía puede llegar a valer mucho si lo conseguimos, pero si no llega a tanto al final, también estaré contento. No lo hago por dejarles mucho dinero a mis hijos. Los mayores ya están haciendo su propio camino y creo que ya les he dado lo que podía darles, que es principalmente una formación para ir por la vida y para que sean autosuficientes. Y en cuanto al pequeño, todavía es un niño, pero lo que me gustaría transmitirle es exactamente lo mismo. Mal favor le haría si le dejara un montón de dinero y no le enseñara a esforzarse y a ser responsable con su vida y con la de los demás. Por suerte, su madre, que también ha tenido que luchar mucho para sacar su empresa adelante y sigue haciéndolo, piensa como yo: que los excesos son malos, y que tan perjudicial para el bienestar de las personas es la pobreza extrema como la riqueza desmesurada.

A la boda de mi hijo, que celebramos el 7 de mayo, siguió un mes más tarde la mía. Otra celebración de vida. En apenas un año y medio se habían casado mis dos hijos mayores y yo lo hacía ahora en segundas nupcias. No se podía negar, como decían ellos, que éramos una «Modern Family».

Con Eli llevábamos ya tiempo juntos y teníamos un hijo y una casa en común, pero no nos habíamos casado. Por diferentes motivos, no se había dado la ocasión, primero porque andábamos superocupados con nuestros propios proyectos empresariales y después porque llegó la pandemia. Pero por fin encontramos el momento propicio: el 18 de junio de 2022.

La boda, oficiada por mi querido amigo Justo Molinero, congregó a nuestras familias y nuestros amigos, como es habitual. Entre ellos había muchas caras populares que frecuentan los medios de comunicación. Ahora bien, detrás de aquellos rostros conocidos había simplemente amigos, compañeros de viaje con los que hemos compartido buenos momentos.

Eli, por supuesto, estaba radiante. Cada vez que la miraba pensaba en lo afortunado que era de tenerla a mi lado, ahora además como esposa. Precisamente empecé mi discurso explicando lo de la piedra del agradecimiento, porque había muchos nuevos amigos que no conocían esta historia. Expliqué que normalmente la llevo en el bolsillo para tocarla y recordarme lo afortunado que soy y agradecerlo, pero que aquel día no me hacía falta, porque mirara hacia donde mirara me sentía inmensamente feliz y agradecido. Aquello sí que era un verdadero éxito y no necesitaba ningún objeto que me lo recordara.

Cuando hablé ante los cuatrocientos invitados de la boda, vi a personas entrañables que eran parte fundamental de mi pasado y de mi presente, y también a algunas que hacía poco que conocía, pero que esperaba que formaran parte también de mi futuro. Estaban mis diez hermanos con sus familias. Y mis suegros, Carlos y Montse. Y, claro, en primera fila mis tres hijos, Núria, Albert y Eric. Bueno, Eric en realidad estaba correteando por allí, porque es pequeño y para él todo es un juego.

También estaban mis amigos más íntimos, algunos de los cuales sabían de mi historia con Eli. Sabían que cuando la conocí no estaba buscando pareja, pero que me enamoré enseguida y todo me llevó a querer estar con ella. Fue así de sencillo: simplemente me enamoré al instante de verla. En aquel momento, sin embargo, ella tenía diecinueve años y yo cuarenta y uno, y la diferencia de edad pesaba mucho. Así que tuvieron que pasar cinco años hasta que nos encontráramos de nuevo. Fue en una entrega de premios en 2014. Ella era ya directora de una clínica y yo seguía «jamoneando». De hecho, como ya he apuntado en un capítulo anterior, fue el día antes de firmar la apertura de mi primer local en Londres, que suponía el inicio de nuestra expansión internacional. Esta vez ella ya tenía veinticuatro y yo... Bueno, yo seguía teniendo cuarenta y uno, así que pensé que la diferencia no era ya tan grande. Nos hicimos una foto y ella me dio su número para que se la enviara. Pero luego tiró mis ilusiones por tierra cuando me dijo: «Te lo doy, pero no me vayas a llamar, ¿eh?». Al cabo de un mes, un día recibo una llamada suya: «Oye, ¿tú por qué no me llamas?». Y yo: «Pero ¿no me dijiste que no te llamara?». Fue literalmente así.

Entonces empezamos un camino juntos que nos llevó a nuestra boda, ese junio de 2022, que sigue en el momento de escribir estas líneas y que espero que siga el resto de mi vida. Porque Eli es mi compañera de vida y quiero que sigamos caminando juntos. A mí me ha inspirado mucha gente, entre ellos el propio Justo Molinero, que estaba allí conmigo en aquel día tan especial. Pero una de las personas que más me inspira es mi mujer. Está desarrollando su propio proyecto y estoy aprendiendo mucho de ella. Aunque es bastante más joven que yo, me está enseñando mucho y me está haciendo ver las cosas desde un prisma diferente.

Lo dije así en la boda y lo repito aquí: «En ella me apoyo porque es fuerte. Tiene una fuerza increíble. [...] También es trabajadora, tremendamente trabajadora. Elisabeth Álvarez Molina, te admiro. Quiero pasar mi vida a tu lado. Estoy completamente enamorado de ti».

14

Julio-agosto, 2022:
sobre el verdadero éxito

¿Cuándo siento que tengo éxito? Cuando estoy disfrutando del camino.

¿Cuándo no tengo éxito? Cuando no estoy disfrutando del camino, independientemente de lo que hayamos vendido, de lo que hayamos ganado y del valor que tenga la empresa.

Por supuesto, intento que cada día la empresa tenga más valor, pero ésa no es mi prioridad. Mi prioridad es disfrutar haciéndolo, sentir que lo que hago tiene sentido para mí y para mi entorno. Sentir que estoy haciendo algo importante, que aporta valor.

En aquellos meses se nos acercó mucha gente con intención de comprarnos o de invertir en la empresa. Era evidente, para cualquier fondo de inversión que analizara el mercado, que habíamos superado la crisis de la COVID-19, que estábamos creciendo y que teníamos un buen futuro por delante. Además, mi presencia en los medios era cada día mayor gracias al trabajo de Atrevia, y eso, dado que la empresa lleva mi nombre, generaba una imagen de éxito que atraía a mucha gente.

Recibí muchas propuestas, mi LinkedIn ardía. De entrada, escuchaba a todo el mundo, porque nunca se sabe dónde puede haber una oportunidad interesante. Pero yo tenía y tengo un rumbo y las propuestas que me interesaban (y me siguen interesando) son las que suman al proyecto. Un inversor que sólo traiga dinero no me interesa. Quizás en algún momento decida vender una parte del negocio para tener algo de capital personal y asegurarme una buena jubilación, cuando llegue el momento. Todos sabemos lo mínimo que hace falta a una persona para tener una buena vida: una casa, un coche, un viaje de vez en cuando, un colchón en el banco para afrontar imprevistos... No me hace falta más, en realidad, aunque si tengo más, también lo aprovecharé, no nos engañemos. La medida de mis sueños es la del común de la gente, no necesito construir cohetes para ir a Marte, como Elon Musk. Ése es su sueño, no el mío.

De las propuestas que recibimos de posibles inversores, la mayoría eran para comprar el total de la empresa, no para entrar en el accionariado y ayudarme a culminar con éxito el plan de crecimiento de la empresa. Como digo, las escuché, pero ninguna me convenció. Y no porque las ofertas fuesen insuficientes en el aspecto económico, sino porque se querían hacer con el cien por cien de la empresa o entrar como socios financieros, y eso no me interesaba. No quería un socio inversor que me ayudara a crecer y a los cinco años ya estuviera especulando para vender su parte y recoger el beneficio.

Por tanto, la empresa siguió siendo cien por cien familiar. Y no por avaricia ni por no querer compartir el éxito, sino porque aquellos inversores no me aportaban lo que yo quería. Si algún día se me acerca alguien que entiende mi filosofía y comparte mi proyecto, que no quiere comprarme sino ser un compañero de viaje para llegar más lejos, no descarto que podamos ponernos de acuerdo. De hecho, me encantaría encontrar un socio que me dijera: «Oye, me creo tu proyecto y te voy a ayudar a desarrollarlo». Y por supuesto que se llevará su parte, porque esto son negocios, y si asumes un riesgo tienes que llevarte una parte del beneficio.

Como digo desde hace tiempo, tengo muchas sociedades y ninguna es por amistad. Las sociedades son todas por interés, y así tiene que ser. No hay que asociarse con alguien porque sea tu amigo, sino porque hay un interés compartido. Si no lo tienes claro, lo más probable es que pierdas la amistad.

Por otra parte, no hay que olvidar que la empresa lleva mi nombre. No puedo permitirme dejarla en unas manos que no me inspiren la máxima confianza y que no velen por la calidad del producto. El trabajo que he hecho durante más de cuarenta años para conocer a fondo el mundo del jamón y darle a cada cliente el mejor producto posible dentro de sus gustos y posibilidades no puede caer en malas manos. Por ejemplo, no puedo permitir que me compre un grupo industrial que me obligue a vender unos jamones que no sean de la máxima calidad para obtener un mayor beneficio. Eso sería el final de la marca Enrique Tomás y de mi negocio, tal como yo lo concibo.

De la misma forma, tampoco me puedo permitir que entre un fondo financiero en el accionariado y tenga suficiente fuerza como para pararme determinados proyectos que yo quiero llevar a cabo. A lo mejor yo quiero invertir en un proyecto de futuro y su estrategia es cortoplacista y chocamos.

No quiero tener las manos atadas. Quiero tener la libertad de hacer las cosas a mi manera. Siempre lo he hecho así y no quiero hacerlo de otro modo.

El éxito para mí no tiene nada que ver con la acumulación de dinero, sino con trabajar en un proyecto que me llene y deje algo de valor a los que vienen después. No tengo nada en contra de los que ganan mucho, siempre que aporten a su entorno. Una empresa vale lo que aporta a la sociedad en forma de puestos de trabajo, impuestos y creación de progreso. Si quiero que mi empresa valga más no es para tener más casas o más coches o más dinero en el banco, sino para generar más puestos de trabajo y poder aportar más a la sociedad. Precisamente en aquel verano de 2022 retomé un proyecto que había tenido que frenar por la pandemia, la Fundación Enrique Tomás. Hablaré de ella más adelante, pues la presentamos en un gran acto en diciembre de ese año.

Una empresa que genere muchos beneficios pero que no los comparta es una empresa triste. Si quiero que mi empresa siga creciendo es para dar más trabajo, para poder retribuir mejor ese trabajo y para ayudar a personas que no pueden comer o que no tienen un techo. Por supuesto, los números deben salir y los accionistas deben recibir la compensación por el riesgo que asumen, pero sin avaricia. Al contrario, con generosidad. Una vez que tienes esos mínimos de los que hablaba antes, ¿para qué quieres acumular más?

Te vas a sentir mucho más satisfecho si repartes juego, si ayudas a otras personas que no han tenido las oportunidades que has tenido tú o que no han sabido aprovecharlas. O que no han tenido suerte, porque, no nos olvidemos, en los negocios también influye la suerte. A veces pienso que si, en lo peor de la pandemia, me hubiese visto obligado a cerrar la empresa, yo tal vez me habría encontrado en una situación económica muy complicada. Y, si eso hubiese sucedido, habría agradecido la solidaridad de otras personas hacia mí y los míos.

Como ya he comentado, tengo una serie de libretas en las que anoto cosas como los objetivos que me propongo para la empresa cada año. No sólo en términos de ventas o facturación, sino también a un nivel más intangible. Y normalmente dedico una página a lo que yo llamo mis mantras, unas frases que me repito para no olvidarme y que me sirven para mantenerme centrado. En la libreta de 2022, en la página de los mantras, anoté estos dos: «Somos una empresa con corazón» y «Debemos ser generosos, sobre todo con los nuestros, que son los que crean la empresa». De ahí surgió la idea de aumentar los sueldos, que pusimos en marcha a principios de año, y de crear la Fundación, que se presentó a finales de ese mismo 2022.

Y no explico esto para que me digan lo maravilloso que soy. Por si alguien todavía tiene dudas, quiero dejar muy claro que no soy ningún *crack*, soy un tío normal que lo único que quiere es que todo el mundo a su alrededor sea feliz. Suena naíf, pero es la pura verdad. Lo que más feliz me hace es ver felices a los demás.

Si quieres conocer a un verdadero *crack*, toma nota de

este nombre: Cipri Quintas. Te recomiendo que lo sigas en sus redes y lo leas en sus libros. Es el Marco Aurelio del siglo XXI. Nos ha hecho entender, a miles de personas, lo importante y beneficioso que es para todo ser humano DAR. Y a mí, en particular, me ha ayudado a crear una maravillosa «cadena de confianza», como yo la llamo, formada por personas igualmente maravillosas.

Esa felicidad es la que experimenté aquellos meses de verano en que compartí tiempo con amigos y con la familia. En julio asistí a una nueva edición de Talentya, el maravilloso encuentro que organizan cada verano Juanjo Fraile y Belén Blanco. Allí, además de reencontrarme con personas muy inspiradoras que se han convertido ya en amigos, conocí a Albert Triola, CEO de Oracle España y gran experto en nuevas tecnologías aplicadas a los negocios, además de una persona muy creativa y muy vital. Hablando con él vi claramente que para llevar a cabo el crecimiento que me he propuesto para los próximos años necesitaba, entre otras cosas, renovar y actualizar toda la parte de digitalización del negocio. Me ayudó a incorporar a Jorge Cruz, responsable máximo de IT en la compañía.

Poco después propuse a Triola incorporarse al Consejo de Dirección de la empresa y aceptó. Otras incorporaciones recientes han sido Javier Cárdenas, un gran empresario colombiano, e Ismael Villalobos, del que ya he hablado y que fue un apoyo moral importante para mí en los peores momentos de la pandemia. Completan el Consejo Enric Crous y Celso Gomáriz. Todos ellos muy brillantes y muy enfocados en hacer crecer el negocio. Valoro mucho que aceptaran incorporarse como consejeros, pues, como he comentado antes, para esta nueva etapa de expansión necesito nuevos puntos de vista y nuevo talento. No puedes jugar en la Champions sin una plantilla de Champions.

Aunque siempre estoy trabajando, en agosto pude relajarme unos días con la familia y disfrutar de aquella sensación de éxito que me acompañaba en aquellos meses. Lo tengo anotado así en mi agenda: «Ibiza, familia, éxito». El éxito fue poder compartir esos días con mi familia más cercana: mis dos hijos mayores, sus parejas, mis dos nietos, mi mujer y mi hijo pequeño. Y estar todos juntos durante unos días en una casa preciosa en Ibiza. Para mí no puede haber mayor éxito que ése.

A lo mejor no somos la familia ideal, pero somos una familia que se quiere y se protege. Y aquellas vacaciones lo pasamos tan bien juntos que decidimos que cada año haríamos algo parecido. Cada uno tuvo su espacio y nadie se sintió más ni menos que nadie.

En definitiva, un éxito tremendo.

A finales de agosto volví al ruedo. A torear otra vez. Y no con cualquiera, sino con un miura: Óscar Vela, CEO de Áreas, gran empresa de *food & beverage* y *travel retail* con sede en Barcelona, y mi mayor competidor en los aeropuertos españoles. Tuve un encuentro con él que me sirvió para empezar a hablar de un posible acuerdo de colaboración fuera de España, algo que yo pensaba que nos interesaba a ambos. La razón es muy sencilla: si ellos tienen capacidad de operación más que demostrada fuera de España, ¿por qué no crecer juntos internacionalmente?

Así que mi planteamiento fue el siguiente: ¿hablamos de los aeropuertos del resto del mundo? Porque yo ahí empiezo desde cero, y si colaboramos podemos ser más fuertes y salir ganando todos.

Después de aquella conversación hubo otras y en el momento de escribir esto estamos viendo cómo colaborar en Francia, que es su primer mercado, y en Estados Unidos, que es actualmente nuestro segundo mercado después de España. No hemos encontrado todavía la fórmula, pero en cualquier caso no hay nada que perder.

15

Noviembre, 2022: recogiendo los frutos

Como buen tendero que soy, siempre que voy a un sitio trato de vender mi jamón. Eso es lo que hice a principios de 2022, cuando participé en el encuentro de hoteleros donde se armó la polémica por el sueldo de los trabajadores del sector. Más allá de polémicas, aproveché para explicar a diferentes directivos hoteleros que estábamos creando nuevos formatos de tienda y que podíamos ser la solución para sacar mayor rendimiento a esos espacios que todos los hoteles tiencn y a los que muchas veces no saben sacar provecho.

Aquellas primeras conversaciones dieron lugar a acuerdos con varias cadenas hoteleras que se concretaron a finales de 2022 y que nos habilitaban para operar espacios gastronómicos en sus establecimientos. Creamos una nueva gama de productos específicos para los servicios de *food & beverage* en hoteles y otros establecimientos turísticos.

En definitiva, mi negocio consiste en vender jamón en la forma que sea: en bocadillos, en flautas, en sobres, en lonchas, en tapas, en tacos, en cucuruchos o enteros. Siempre buen jamón, porque quiero que el cliente repita. Empecé en 1982 con charcuterías donde convencí a las clientas de que se llevaran un buen jamón para probarlo, ya fueran cien gramos o una pata entera. Después evolucioné y mezclé la tienda con una barra de degustación donde los clientes podían probar el jamón y, si lo deseaban, llevárselo también a casa. Todo aquello funcionó durante años, pero en la vida hay que evolucionar. Ésta es otra gran lección para cualquiera que desee adentrarse en el mundo de los negocios o de la empresa: no te puedes acomodar nunca, pues las costumbres sociales y los gustos de los consumidores evolucionan constantemente.

Con el tiempo lanzamos nuevos conceptos. A la barra de toda la vida añadimos Enrique Tomás Experience, una propuesta de *fine dining*, o sea, restaurantes que no sólo ofrecen bocadillos o platillos, sino toda una experiencia gastronómica con el jamón ibérico como máximo protagonista. Este modelo fue el que utilizamos para abrir nuestros locales en Iberoamérica, Estados Unidos y Europa.

En los aeropuertos, además de La Barra Enrique Tomás, aplicamos el concepto Foddies, basado en la conserva española, los vinos, los quesos, las chacinas ibéricas y una selección de propuestas gastronómicas elaboradas por profesionales como Albert Adrià, los hermanos Torres, Nandu Jubany o Escribà. O sea, mucho nivel.

Los dos últimos conceptos, que vinieron a sumarse a la Barra, el Experience y el Foddies, fueron los que creamos para los hoteles, que bautizamos como La Jamonería y Express&Co. Este último se caracteriza por ser un concepto muy versátil especializado en el mundo del café y con una oferta gastronómica de corte muy *healthy*.

Además de estos cinco conceptos, también desarrollamos Gamma Ibérica, una novedosa línea gastronómica enfocada al servicio de habitaciones de los hoteles para mejorar el rendimiento en los restaurantes y la satisfacción de los clientes en los bufés de desayunos.

Para desarrollar toda esta propuesta gastronómica destinada al sector hotelero contamos con los servicios del empresario gastronómico Juanjo Martínez, CEO de LaLola&Co y consultor especializado en estrategias, gestión, innovación y expansión para restauración y *food & beverage*. Talento nuevo para nuevas ideas.

¿Qué vengo a decir con todo esto? Pues que un empresario tiene que estar abierto a evolucionar para no quedarse estancado. A partir de un buen producto se pueden desarrollar muchos conceptos y muchas formas de venderlo, pero para eso hay que tener la mente abierta, estudiar bien las necesidades de los clientes (ésta siempre es la base), aprovechar las oportunidades y proponer tus soluciones.

Nosotros en aquel momento estábamos convencidos de la excelencia de nuestros productos, que además habíamos probado en entornos muy diferentes y con clientes muy variados. Esto nos daba confianza para proponer nuevas formas de venderlos o nuevos canales, para hacer propuestas innovadoras en diferentes entornos.

Teníamos un producto excelente y una capacidad logística contrastada. Nos sentíamos seguros y preparados.

En noviembre de 2022 también inauguramos el restaurante de Miami. Abrir allí supuso un gran logro, pero no exento
de dificultades. Mentiría si dijera que todo fue un camino de
rosas. Primero, tendríamos que haber abierto mucho antes,
pero se cruzó la pandemia y hubo que esperar. Después tuvimos sobrecostes importantes en las obras. Y al final, la
ubicación no resultó ser la mejor posible.

Todo esto forma parte también de los riesgos del empresario. Si «juegas» a emprender debes estar preparado para
gestionar no sólo la incertidumbre, sino también los problemas que surgen en la ejecución. En mi caso, por ejemplo,
las obras de un local siempre son un quebradero de cabeza.
Si pudiera delegarlas en alguien, sería mucho más feliz.
Ojalá hubiera una inteligencia artificial a la que delegarle
toda esa parte del negocio.

En el momento de escribir esto, el restaurante de Miami
sigue funcionando y tratando de hacerse un hueco. Vere-
mos qué pasa en el futuro. En cualquier caso, después del
disgusto de tener que cerrar en Londres, que había sido
nuestra primera pica en Flandes, nos repusimos y seguimos
apostando por expandirnos internacionalmente de diferentes maneras. La razón es muy sencilla: si queremos crecer,
tenemos que mirar hacia el mundo.

Así, estamos ya presentes en once países. Por un lado, en
el continente europeo contamos con establecimientos, además de en España, en Francia, Inglaterra y Andorra. Por
otro, cruzando el «charco», estamos en México, Perú, Argentina, República Dominicana, Puerto Rico y Estados
Unidos, donde además de Miami tenemos locales en San
Antonio y en Dallas. A esto hay que añadir que en breve

estaremos también en Japón de la mano de un socio colaborador de allí. El proyecto es abrir cinco tiendas entre Tokio y Kioto.

Sigo, por tanto, con mi visión de llevar el jamón al mundo. Y digo «llevar» porque, como ya he apuntado, el jamón no se manda, se lleva. Si lo mandas y no lo acompañas con su cultura y con su idiosincrasia, te puedes encontrar con que envías un jamón ibérico de bellota que has tardado cinco años en hacer y lo meten en una olla para preparar una sopa. Por tanto, tienes que llevarlo y explicarlo, tienes que enseñar cómo cortarlo, cómo mantenerlo y cómo degustarlo. Insisto: el jamón ibérico de bellota es el mejor producto alimentario del mundo, pero incluso el mejor jamón, si no se conserva bien o no se sirve bien, puede percibirse como un producto mediocre.

Nuestro rasgo diferencial es que hacemos eso: vamos a los países, llevamos el jamón y lo «explicamos». Hacemos pedagogía para que lo entiendan en culturas muy diversas. Porque hay que tener en cuenta que cada cultura tiene sus sabores y sus valores. Los chinos, por ejemplo, regalan un jamón ibérico para demostrar poder, mientras que los españoles lo hacemos como demostración de afecto o de reconocimiento.

Ése es nuestro trabajo y nos gusta hacerlo. Y no sólo en los establecimientos que llevan nuestra enseña, sino en cualquier otro que esté interesado en distribuirlo y que lo haga en condiciones. Por ejemplo, en Francia estamos vendiendo en Carrefour y en Leclerc, y hemos ido allí para darles formación y explicarles qué es lo que están vendiendo.

Mi sueño no es vender toneladas de jamón a toda costa,

sino ponerle nombre al jamón en el mundo. Y para eso hay que hacer las cosas bien. Sin prisa, pero sin pausa.

Cuando me preguntan cuál es el futuro del jamón, yo siempre digo «menos pero mejor». Vivimos en una época de excesos, de buscar saciarnos con todo. Si vamos a comer, comemos hasta no poder más; si vamos de viaje, queremos verlo todo aunque acabemos agotados; si vemos una serie en televisión, nos pegamos un atracón porque somos incapaces de parar. Lo llaman la sociedad de la dopamina: estímulos constantes y recompensas rápidas.

El jamón va de otra cosa. Va de disfrutar, de saborear y de compartir. Si hiciéramos un paralelismo con el vino o el chocolate, se podría decir que no hay que emborracharse ni empacharse, sino tomarlo de poco en poco y valorar el privilegio de tener este producto a nuestro alcance.

Vivimos en un mundo que nos incita al consumo desmesurado, pero ese mundo no es sostenible. Cuando doy una ponencia, una de las fotos que pongo son bolígrafos vacíos. Simbolizan una costumbre que tenemos en la empresa. Cuando alguien firma su contrato de incorporación, le damos un bolígrafo para que lo haga, normalmente un Bic de color azul, de esos transparentes en los que se puede ver el nivel de tinta. Después de firmar el contrato, cuando nos devuelve el bolígrafo, le decimos: «No, no, quédatelo, y cuando se te acabe la tinta te lo cambiamos». Esto parece una tontería, pero hace que la persona que acaba de firmar tome conciencia de que en Enrique Tomás no se desaprovechan los recursos. Tenemos dinero para bolígrafos, pero no para dejarlos a medias, perderlos o malgastarlos. Porque eso es lo que hacemos siempre con todo —con la comida, con la ropa, con los muebles...—, y no puede ser. Antes de tirar algo que todavía puede ser usado o aprovechado, busca a alguien que lo necesite y dáselo. Ésa es nuestra filosofía, pero no por tacañería, sino por respeto al entorno.

Comemos más de lo que debemos comer, lo cual no es bueno para nuestra salud, y tiramos demasiada comida, lo cual no es bueno para la salud del planeta. El desperdicio alimentario se ha convertido en un problema mundial de gran magnitud y en un sinsentido, pues nos perjudica de una manera u otra a todos. A los que tienen poco para comer les perjudica mucho; y a los que tienen mucho, también, pues tienen tanto que no valoran lo afortunados que son.

Tenemos que empezar todos a cambiar la mentalidad y los hábitos en relación con la comida. Si yo sólo pensara en mi negocio, diría aquí que hay que comer jamón en todas las comidas y en abundancia, pero comer demasiado no te hace feliz, al contrario, te genera un malestar que acaba por perjudicar tu salud y tu vida.

En lo que respecta al jamón, mejor comer menos pero mejor, como decía. Ésa es para mí la filosofía adecuada, tanto para disfrutarlo al máximo como para consumir de una manera responsable. Si lo que quieres es saciar el hambre, come otra cosa. Si lo que quieres es disfrutar, saborea un buen jamón ibérico. No hace falta que sea de bellota, pero que esté bueno.

¿Qué hace que un jamón sea bueno? Pues que el cerdo sea muy graso, porque así le podemos dar mucho tiempo de curación. Durante el proceso de curación va perdiendo la grasa y al final sale un producto fantástico, maravilloso. Y eso pasa tanto con el jamón del país como con el jamón ibérico, y por supuesto con el jamón ibérico de bellota. En los tres casos, el resultado final es buenísimo. Y los tres dan placer.

Yendo más allá del jamón, el futuro de la alimentación también debe ser, a mi juicio, el mismo: comer menos cantidad pero con más calidad. Menos pero mejor. Lo más bueno que puedas, pero justo la cantidad que necesites, no más. Puede que sea un poco más caro, pero al final te gastas lo mismo, porque comes menos cantidad. Y encima obtienes más placer y el planeta y tu cuerpo se resienten menos. Ése es el futuro, y los que estamos en la industria alimentaria tenemos que empezar a decirlo.

Llevo haciendo ayunos desde que leí el libro de Lidia Blánquez titulado *Del ayuno a la conciencia*, que he mencionado unas páginas atrás. Es un libro que he regalado a mucha gente desde que lo leí, igual que *Cómo hacer que te pasen cosas buenas*, de Marian Rojas Estapé, o *El arte de no amargarse la vida*, de Rafael Santandreu.

He regalado un ejemplar del libro de Lidia sobre el ayuno al papa Francisco y estoy haciendo las gestiones pertinentes con personas cercanas para poder visitarlo. Estoy convencido de que él tiene el poder y la capacidad de convencer a mucha gente de las bondades de comer menos y de hacer ayuno de vez en cuando, por ejemplo un día por semana.

El ayuno es una práctica que históricamente han hecho suya las religiones y que tiene mucho sentido. Es una manera de purgar y de sanar. Lo sabían todos nuestros antepasados, pero a nosotros se nos ha olvidado, metidos como estamos en esta fiebre consumista del «cuanto más, mejor». Hoy en día es más necesaria que nunca, porque estamos sobrealimentados. Aunque, claro está, es más difícil que nunca, porque tenemos la nevera y la despensa llenas de productos sabrosos.

No soy un iluso y sé que incluso el papa tiene un poder de influencia limitado, pero si conseguimos que al menos un 10 por ciento de la población del primer mundo ayune un día a la semana, estaremos logrando una mejora significativa. Son muchas vidas que se pueden salvar, muchas enfermedades que se pueden prevenir y mucho ahorro en sanidad pública.

Vale la pena intentarlo.

16

Diciembre, 2022: promoviendo el equilibrio social

2022 fue el año en que casi todos los países del mundo dieron por finiquitada la pandemia, aunque la OMS no ha decretado el fin de la emergencia hasta mayo de 2023, justo cuando estoy escribiendo estas páginas. Sólo China mantiene medidas excepcionales en algunas ciudades. Me imagino que el hecho de que el virus surgiera en este país tiene bastante que ver, además de la mentalidad del gobierno chino de querer controlarlo todo.

Para mí, 2022 fue el momento de retomar muchos de los proyectos que ya había concebido antes de la pandemia pero que se vieron truncados en el justo momento en que nos metieron a todos en casa y tuvimos que cerrar casi todos nuestros establecimientos. Uno de esos proyectos es la Fundación Enrique Tomás.

Como apuntaba en el capítulo anterior, llegado a este punto de mi vida y después de pasar por todo lo que he pasado, creo que lo mejor que puedo hacer es compartir mi suerte y contribuir, aunque suene naíf, a mejorar el mundo, a que haya más salud, a que haya más felicidad. A que el mundo, o al menos la parte del mundo sobre la que yo puedo influir, vaya mejor.

No nos confundamos: no soy un santurrón ni nada por el estilo. Intento ser buena persona, pero no un santo. Para mí, si alguien te pega, no tienes que devolver el golpe, pero tampoco poner la otra mejilla. Y no me considero una buena persona porque ayude a los demás. Eso no es ser buena persona, es ser una persona normal. Alguien que ayude a los demás si puede hacerlo. Lo que no está bien es, pudiendo ayudar, no hacerlo.

Es hora ya de que se entienda y se extienda esto: lo normal es ayudar, siempre en la medida de tus posibilidades, y lo anormal desentenderte de los demás y preocuparte sólo de ti mismo. Somos seres sociales.

También soy un hombre de negocios que defiende lo suyo, por supuesto. Una cosa no quita la otra. Y lo defiendo como un león. Si alguien viene a quitarme algo, le enseño las zarpas para que se lo piense dos veces.

Al mismo tiempo, ser empresario no es incompatible con velar por el bienestar de las personas que trabajan en la empresa. Al contrario, si quieres ser un buen empresario, tienes que hacerlo. Y no soy el único que piensa y actúa así. La imagen que algunos sectores políticos han querido vender del empresario avaricioso que sólo se preocupa por aumentar sus beneficios ha pasado a la historia. Los empresarios no somos los malos de la película. Habrá gente buena y no tan buena, como en todas partes, pero ser empresario no está reñido con ser buena persona ni con ser generoso.

Como hombre de negocios intento que mi empresa vaya lo mejor posible y gane todo el dinero que honestamente pueda ganar. No engaño ni doy gato por liebre. Intento que me compren más bocadillos a mí que al de enfrente, claro, pero haciendo las cosas bien, compitiendo legal y lealmente. De otra forma no podría vivir, no podría dormir por las noches y me sentiría un desgraciado.

Engañar a mis clientes o difamar a la competencia son líneas rojas que no quiero ni debo cruzar para seguir siendo quien quiero ser. Quiero mirarme al espejo cada mañana sin que se me caiga la cara de vergüenza e ir por el mundo con la cabeza bien alta. Quiero ser buen padre y buen abuelo y buen marido y buen jefe y buen vecino y buen ciudadano y buen amigo de mis amigos. Quiero estar ahí cuando me necesiten y echar una mano a quienes lo están pasando mal, al menos en la medida de mis posibilidades.

Lo dicho: quiero ser lo que soy, una persona normal. Y no confundo competidores con enemigos.

La presentación de nuestra Fundación tuvo lugar el 22 de diciembre de 2022. Y digo nuestra porque es un proyecto familiar. En él participan también mis hijos Núria, Albert y Eric, además de mi mujer Eli. Todos aportan ideas y comparten la filosofía que acabo de explicar, la de ser personas normales que, conscientes de la suerte que tienen de vivir una buena vida, tratan de aportar su grano de arena para que algún día sus hijos vivan en un mundo mejor que el actual, con menos desigualdad y más oportunidades para todos.

El acto de presentación tuvo lugar en el Teatro Zorrilla de Badalona, básicamente porque nunca olvido de dónde vengo. Siempre tengo presente, en mi cabeza y en mi corazón, la ciudad que me vio nacer y crecer, la ciudad en la que monté mi primer negocio y en la que tengo todavía la sede central de la empresa. Como ya he comentado en algún pasaje anterior, en el reverso de mi tarjeta de visita se puede ver una imagen del icónico Pont del Petroli de Badalona, junto a una frase que resume mi lema vital y que reza, parafraseando a Machado: «Camino... nada más, nada menos».

Necesitábamos un espacio grande, que pudiera acoger a varios cientos de personas, pero que a la vez no nos supusiera un gran gasto, porque para mí no tenía ningún sentido presentar una fundación cuyo objetivo es destinar recursos a personas necesitadas y que nos costase un dineral. En los días previos, durante las reuniones con mi equipo para preparar el evento, lo dejé muy claro: no vamos a gastar en la presentación ni un euro de más, sólo lo justo para poder recibir adecuadamente a los invitados, explicarles el objetivo y los proyectos de la Fundación y «liarlos», en el buen sentido de la palabra, para que aporten lo que puedan y nos ayuden a ayudar. Ni grandes despliegues audiovisuales ni grandes *caterings*. Una presentación sencilla y emotiva donde lo importante sean las personas y al final unos bocadillos para quien quiera picar algo. Y punto.

No pretendo criticar a nadie, pero me parecen incoherentes esas fundaciones que en teoría se han creado para destinar recursos a los necesitados y acaban creando una estructura tan grande que se les va casi todo en sueldos, viajes, marketing, etcétera. Mientras yo esté al frente, la Fundación Enrique Tomás se regirá por los principios austeros de los estoicos para que los protagonistas sean los que tienen que serlo: las personas que reciben la ayuda.

Contamos también con la generosidad de un gran artista y amigo, además de gran empresario, como ya he apuntado, Carlos Latre. Cuando le pedí que presentara el acto gratuitamente no lo dudó ni un segundo. Además de un humorista excepcional, es un excelente maestro de ceremonias, como demostró una vez más aquel día de diciembre sobre el escenario del Teatro Zorrilla. Y una persona excepcional.

Carlos se metió a los asistentes en el bolsillo nada más salir, como acostumbra a hacer, con sus imitaciones y sus chistes. Una vez creado el ambiente propicio, me uní a él en el escenario para explicar a los asistentes por qué los había convocado un día como aquél, casi víspera de Navidad. Y fui muy transparente, como siempre intento ser. En primer lugar, les dejé claro que la Fundación es un proyecto de toda la familia, y su razón de ser es que la nuestra es muy afortunada y hemos querido crear un instrumento para ayudar a otras que desgraciadamente no lo son.

A continuación, para que también lo tuviera claro todo el mundo, les expliqué que la Fundación Enrique Tomás no aceptará donaciones: «No busco vuestro dinero —les dije—, pero sí vuestro talento y vuestro compromiso». Esto les sorprendió, claro, pues lo que uno espera cuando lo invitan a la presentación pública de una fundación es que le pidan dinero. En este caso, mi intención es que los diferentes proyectos se sustenten en una cadena de confianza que hagamos crecer entre todos. Más que pedir dinero, lo que pido son ideas para generarlo. Y eso puede ir también por ti, querido lector.

Seguidamente expliqué, junto con mis hijos Núria y Albert, las diferentes líneas de actuación de la Fundación. Por un lado, la lucha contra el hambre de hoy y la prevención del hambre del mañana. Antes de ese día ya llevábamos tiempo aportando bocadillos a la comunidad de la parroquia de San Antón de Madrid, que con tanta humildad y amor dirige el padre Ángel. El propio padre Ángel, presidente de Mensajeros de la Paz, nos acompañó y subió al escenario para dirigir a los asistentes unas palabras y para bendecir el nacimiento de la Fundación. La idea de la Fundación es ampliar estas donaciones de bocadillos a otras comunidades, como la de sor Lucía Caram en Manresa (Barcelona). En estos momentos, ya estamos repartiendo cien bocadillos al día en Madrid y otros cien en Barcelona, o sea, más de setenta y cinco mil bocadillos al año. Esto lo hacemos junto con Europastry y su presidente, Jordi Gallés, que pone el pan de los bocadillos y los hornos para cocerlo. En el futuro queremos ampliar esta línea. Por ejemplo, tenemos planes para trabajar con la World Central Kitchen, fundada por el reconocido chef José Andrés, que se dedica a llevar comida a lugares del mundo que han sufrido algún desastre natural.

La Fundación ha nacido con el lema «Equilibrio social», pues lo que pretende es justo eso: contribuir, en su medida, a fomentar un mayor equilibrio en la sociedad. A las acciones para colaborar con la reducción del hambre que he mencionado hay que añadir la construcción de una casa y de pozos de agua en el poblado de Uganda donde se encuentra el orfanato Masaka Kids Africana, una acción que hemos llevado a cabo a través de Silvia Álvarez y Álex Soler. Porque, como expliqué durante la presentación, nuestras acciones siempre irán de la mano de alguien que proponga una idea que tenga sentido.

Otros ejes de la Fundación son fomentar la ciencia y la investigación y crear nuevos formatos audiovisuales que permitan difundir sus ideas y generar ingresos para destinarlos a nuevas acciones. Para esto cuento con Bonaventura Clotet y Pilar Mateo, dos verdaderos sabios.

Para mí fue una enorme satisfacción poder al fin presentar la Fundación, conseguir que dejara de ser un proyecto aplazado y se convirtiera en una realidad.

También me sentí muy orgulloso de poder contar en la presentación con toda mi familia y con muchas personas de mi empresa (no pudieron venir todas, como es lógico, pues alguien tenía que mantener el negocio en funcionamiento).

Igualmente, me sentí muy contento de tener a mi lado a personas a las que quiero y admiro como los mencionados Carlos Latre y padre Ángel, y otras personalidades de la talla del doctor Bonaventura Clotet, Christian Escribà, Pilar Mateo, Nandu Jubany, Óscar Manresa, Joan Juvé, Javier Cottet, Óscar Vela, Cristina Cubero o Ramón Agenjo, entre otras.

Mi intención es que sea un instrumento para contribuir a generar un mayor equilibrio social, lo cual quiere decir no sólo mejorar las condiciones de vida de los menos afortunados, sino también evitar los extremos y las radicalizaciones en todos los ámbitos de la vida: en la alimentación, en el deporte, en el consumo, etcétera. Y, por supuesto, en la política, aunque eso se tendrá que tratar cuando toque y con la sensibilidad adecuada. La idea no es crear un partido o una plataforma de carácter político, sino algo que tenga fuerza e influencia. Y no sólo en España, sino en todo el mundo. Los que me conocen saben que cuando me pongo, no lo hago por poco. Siempre he creído en aquella frase que dice: «Apunta a la luna. Si fallas, al menos estarás entre las estrellas».

17

Enero, 2023: sigue la apuesta por los aeropuertos

Cerramos el año 2022 con unas ventas de 107 millones de euros. Si los comparábamos con los 40 millones que facturamos en 2020, podíamos estar más que felices. Quedaba mucho por hacer, pero de alguna forma podíamos empezar a afirmar que habíamos superado la crisis y estábamos de nuevo en la senda del crecimiento, la que me había dibujado antes de la pandemia y que ahora retomaba con más fuerza.

La clave, sin duda, fue la recuperación de los aeropuertos y del tráfico aéreo, que a principios de 2023 era prácticamente igual que antes de la pandemia o incluso superior. Mi apuesta por abrir nuevos locales en aeropuertos cuando las cosas estaban fatal había resultado ser un acierto.

¿Por qué aposté por crecer en los aeropuertos cuando todo el mundo estaba dubitativo y en los medios de comunicación se hablaba de que ya nunca más viajaríamos como antes? Pues porque en otro momento no habría podido hacerlo. En circunstancias normales hay otras empresas que tienen más pulmón que yo y se pueden permitir pujar más fuerte en las subastas de AENA. Es como la liga de fútbol: en un año normal siempre ganan los que tienen más presupuesto, o sea, el Real Madrid o el Barcelona. Eso pasa la mayoría de las temporadas. Sólo de vez en cuando, si los dos grandes sufren algún tipo de crisis, se cuela otro y da la campanada. Por tanto, cuando vi que los demás estaban dubitativos, decidí tirar adelante y aprovechar mi oportunidad.

En enero de 2023, en cambio, las cosas volvían a estar como antes de la pandemia, con un tráfico aéreo en los aeropuertos españoles alto y que iba *in crescendo*. Los «grandes» volvían a sentirse fuertes y dispuestos a ganar la liga. Una liga que empezó aquel enero con una nueva licitación de AENA para cincuenta y cinco nuevos locales.

Ahora bien, no soy de los que se rinden antes de salir al campo. Los partidos hay que jugarlos hasta el final. Y eso es lo que decidí hacer.

La primera parte del partido fue el examen técnico. Ahí la toco bien, pues he adquirido bastante experiencia en los últimos años y sé por dónde ir. La prueba es que, cuando abrieron los sobres, de las seis compañías que pasaron, la nuestra quedó segunda. Los primeros fueron, como era de esperar, Áreas.

Aquéllas fueron unas semanas de locos. Se incorporó gente nueva al equipo y tuve que dedicar mucho tiempo y energía a transmitirles nuestra filosofía y explicarles de dónde venimos y adónde queremos ir.

Por otro lado, a últimos de mes teníamos la subasta de AENA. Después del filtro técnico, los diferentes candidatos hicimos nuestras ofertas y sólo quedaba el paso final, la puja. Viendo lo que otras empresas estaban dispuestas a ofrecer, decidí que nosotros no pujaríamos más por los locales del aeropuerto de Madrid, aunque sí por otros, como los del aeropuerto de Alicante. Estábamos ya en nuestro límite y subir más habría sido una imprudencia, pues conozco hasta dónde llega mi negocio. Se me puede acusar de muchas cosas, pero no soy un loco. Así que me reuní con mi equipo y les dije: «No vamos a tocar el botón».

Ésta es otra cosa muy interesante de lo que significa ser empresario: por muy pasional que seas, y yo lo soy, a la hora de tomar decisiones importantes tienes que tener la cabeza fría y basar tus decisiones en los números. No se trata de ver quién los tiene más grandes. La testosterona no es aquí una buena consejera. Un negocio va de trabajo, esfuerzo e inteligencia. Va de aprender con la práctica y aplicar el sentido común, de contratar a los mejores y saber leer las oportunidades. De eso va esta película.

Eso sucedió el lunes y el martes. El miércoles, gracias a Dios, se abrieron los sobres y ganamos varios locales que nos interesaban muchísimo, entre ellos dos en el aeropuerto de Alicante, el quinto más importante de España. El primero es Madrid, el segundo Barcelona, el tercero Mallorca, el cuarto Málaga y el quinto Alicante. Eso coincidió con que aquella semana abrimos dos locales en Sevilla que habíamos ganado un tiempo atrás, así que fue, al final, una buena semana.

18

Febrero, 2023: dar energía para recibir energía

Mi sensación era que todo estaba cogiendo una dimensión muy grande y a una velocidad de vértigo. Estaban pasando cosas que, aunque no se podían traducir directamente a cifras de ventas o de facturación, daban a entender que, efectivamente, estábamos jugando ya en otra liga.

Por otro lado, María Álvarez, a la que acababa de contratar para que me asesorara en materia de relaciones institucionales en Madrid, me dijo en aquellas mismas fechas que había hablado con los productores del programa «MasterChef» para valorar la posibilidad de que estuviéramos presentes de alguna manera en él. Como seguramente sabrás, éste es uno de los programas de mayor audiencia de los últimos años, por lo que estar presentes ahí con nuestra marca puede suponer una gran promoción y, sobre todo, popularizar todavía más el jamón ibérico. Tiene todo el sentido del mundo que en un programa español de gastronomía se hable de jamón, y si se habla de jamón, se tiene que hablar de Enrique Tomás.

Todas estas reuniones y gestiones suponían muchos viajes y muchos compromisos. Además, los nuevos fichajes, que no eran pocos, exigían una dedicación extra por mi parte para transmitirles la filosofía de Enrique Tomás y para que entendieran nuestra idiosincrasia. Porque no basta con detectar el talento y captarlo, también hay que integrarlo. Y ése es un trabajo que en ocasiones sólo puedo hacer yo, en especial cuando la persona que entra tiene una responsabilidad clave para la expansión de la empresa.

Como consecuencia de todo esto, en febrero empecé a sentirme enfermo, no tanto como para quedarme en la cama, pero sí más débil de lo normal. En uno de mis viajes, concretamente en uno que hice a Galicia, cogí frío y estuve semanas sin sacármelo del cuerpo. No sólo me sentía destemplado, sino escaso de pilas. A ratos era como si me hubieran descargado de energía, como si fallara la batería. Normalmente soy un torbellino, pero aquellos días me costaba encontrar las fuerzas incluso para sacar el día adelante. Tenía poca energía y todo a mi alrededor me exigía mucha: la expansión de la empresa, las nuevas incorporaciones, la familia, etcétera.

Así que me sentía agotado. El agotamiento viene por dos motivos: porque gastas mucha energía o porque tienes poca. Y en mi caso se juntaban las dos: tenía poca y el entorno me la chupaba toda. El tema de los fichajes era probablemente lo más agotador. Se estaban incorporando muchas personas en puestos clave y no podía dejar que fueran descubriendo la empresa poco a poco, necesitaba transmitirles en el menor tiempo posible mi forma de trabajar y mis objetivos para que se pusieran a funcionar enseguida. Y eso me estaba suponiendo un gran esfuerzo.

Esto me parece fundamental: cuando la empresa está hecha a tu imagen y semejanza, es primordial que los que entran nuevos te entiendan y sepan lo que esperas de ellos. Por eso, al principio tienes que darles tú más a ellos de lo que ellos te dan a ti. Poco a poco te piden menos y te van dando más. Hasta que al final, si todo va bien, se invierte el flujo de energía y se equilibra. Siempre y cuando, claro, se sientan a gusto en la empresa y en su puesto. El objetivo, haciendo uso de la analogía futbolística, es que al final «sientan» la camiseta y la suden en cada partido, que den el mil por cien, que entreguen lo mejor que tengan al proyecto. Y eso sólo se consigue si tú al principio les das energía, los integras, les haces sentir que son importantes y les das la oportunidad de demostrar lo que valen. No basta con captar talento, hay que cultivarlo.

A pesar de disponer de la energía justa para pasar el día, tenía que echar mano de reservas y empujar, porque de lo contrario se me acumulaban los temas. No abría nuevos frentes, pero no podía descuidar los que ya tenía abiertos.

Esto enlaza con un problema que estoy empezando a tener y que, me consta, tienen muchos empresarios cuando sus empresas crecen: la falta de tiempo. Como he explicado antes, yo soy «el mejor *delegador* del mundo», no conozco a nadie que delegue mejor que yo, pero delegar es una cosa y ser negligente otra muy distinta. La única manera de delegar es formar e informar, y eso exige tiempo.

Por suerte, lo que más energía y tiempo me consume es lo extraordinario. Lo ordinario no, porque afortunadamente ya funciona sin que yo tenga que hacer nada. Reivindico aquí el valor de lo ordinario y la bondad de esta expresión. Ordinario significa «orden diario». Y lo que está ordenado sigue su curso. En la empresa, que a estas alturas ya tiene 1.200 empleados, contratamos gente cada día, dependientes que atienden a los clientes en nuestros establecimientos, personal de limpieza, personal de producción, etcétera. Pero yo no me entero a menos que haya algún problema, porque esa parte está «ordenada». No entro ni salgo porque forma parte del funcionamiento ordinario de la empresa. Y eso es delegar. Pero para delegar, primero hay que «ordenar».

Esto, claro, lo he aprendido con el tiempo. El Enrique Tomás veinteañero que abrió su segunda tienda pensaba: «Pero ¿cómo le voy a dar las llaves de la tienda a Rosi? ¡Me va a robar los jamones por la noche!». Yo vengo de ahí. Afortunadamente, he aprendido a «ver» a la gente y a saber en quién puedo confiar. Por supuesto que Rosi es una de ellas: a día de hoy, más de treinta años después, sigue trabajando conmigo. Y yo ahora no tengo las llaves de ninguna de mis tiendas... ¡Ni las quiero!

Todo lo que pueda hacer otro, se lo paso, no tengo problema. Sé pedir ayuda, sé buscar ayuda y sé pagar la ayuda. Pero hay cosas que tengo que hacer yo. Cosas como dar a conocer el proyecto y los objetivos de la empresa, negociar según qué contratos, decidir inversiones, contratar a cargos clave para el desarrollo del negocio, etcétera.

Eso, al final, hace que trabaje más de lo que sería razonable para mi salud y para la armonía de mi familia. Incluso cuando no parece que esté trabajando, la mente va por libre. A veces paseando me viene una idea de no sé dónde y ya empiezo a pensar en pros y contras y en cómo llevarla a la práctica.

Mi carácter a veces es también mi peor enemigo, pues si veo que puedo ayudar a alguien querido también me desvivo. Me pasa con mi mujer. No es que ella necesite ayuda. Ha conseguido levantar por sí sola y a pesar de su juventud una empresa de estética de la nada, y en el momento de escribir esto cien personas trabajan con ella. Tiene una clínica enorme en Barcelona y tiendas de cosmética en varios aeropuertos, y no ha dejado de crecer incluso durante la pandemia. Pero el crecimiento necesita orden. Para que lo extraordinario suceda, tiene que funcionar lo ordinario. Y ahí es donde entro yo y trato de echarle una mano junto con mi equipo. Y me implico tanto o más que en los asuntos de mi propia empresa, no puedo evitarlo. Y, claro, cuando estoy a tope de energía, no pasa nada, pero cuando voy justito, como en ese febrero de 2023, todavía voy más justo.

Al final Eli también cayó y se pasó varias semanas renqueando, como yo, y sin salir prácticamente de casa. Teníamos planeado un fin de semana en Venecia y tuvimos que anularlo.

Lo físico afecta a lo anímico y viceversa. Si sientes que te falta la salud, lógicamente te afecta al ánimo. Y es un pez que se muerde la cola, porque si te falta el ánimo también te sientes más débil.

Por mi forma de ser y de estar en el mundo, soy una persona muy activa y mi consumo de energía es muy alto. Por eso, cuando algo deja de estar alineado, el cuerpo me pasa factura. Además, ya tengo cincuenta y seis años, y eso se nota.

Por suerte, también se nota en que me conozco mejor y soy consciente de que hay una parte de ese proceso que es mental. Antes, cuando no lo sabía, me dejaba arrastrar por esa espiral de malestar físico-emocional, emocional-físico y vuelta a empezar. Ahora sé que la mente es muy poderosa, tanto para lo bueno como para lo malo. Si piensas todo el tiempo en lo malo, te arrastra hacia abajo y sólo te quedan ganas de quedarte en la cama o en el sofá; en cambio, si pones conciencia y evitas pensar en lo malo, poco a poco vas saliendo del pozo. La realidad es la misma, pero tu estado de ánimo cambia y tu forma de afrontar los problemas también. Y, al final, tu realidad acaba siendo mucho mejor que lo que tu mente temerosa vaticinaba. Gracias, Marian, gracias, Rafael.

Eso es lo que hice durante aquellos días: tratar de no dejarme arrastrar por los pensamientos negativos. Dejarlos pasar y hacer caso a lo que ya promulgaban los estoicos hace más de dos mil años: aceptar tu vulnerabilidad, resistir y no dejarte dominar ni por el miedo a estar mal ni por el ansia de estar bien. Ellos tenían en realidad los mismos problemas que nosotros hoy en día. Nos creemos muy originales, pero no somos los primeros seres humanos que habitan el planeta. Antes que nosotros, muchos vivieron los mismos miedos y fueron capaces de superarlos.

Una de las mejores lecciones que he recibido en mi vida me la dio mi hija Núria uno de aquellos días negros. Me dijo: «Mira, papá, hay días que son una mierda. No le des más vueltas y vete a dormir pronto».

19

Marzo, 2023: vuelve a salir el sol

En marzo todo cambió y volvió a salir el sol.

Me empecé a sentir mejor. No a tope, pero subiendo. Poco a poco, mi ánimo se tiñó de nuevo de optimismo. Las dificultades normales del día a día de la empresa seguían estando allí, pero me veía con fuerzas como para superarlas.

La pandemia, afortunadamente, empezaba a ser ya un recuerdo lejano. Tanto la empresa como yo estábamos de nuevo en disposición de dar lo mejor de nosotros mismos y de afrontar una nueva época. Se estaban moviendo muchas cosas. El presente me motivaba y el futuro me ilusionaba.

Tenía claro el rumbo y necesitaba compartirlo, así que convoqué una reunión con unas setenta personas de la empresa con un doble objetivo. Por un lado, acabar de integrar en el equipo a las personas que se habían incorporado desde principios de año, que eran bastantes y, además, en puestos clave. Por otro, explicar dónde estábamos y hacia dónde íbamos. Sentía que era uno de esos momentos que podían marcar un antes y un después, un punto de inflexión en la historia de la empresa, así que preparé un plan al estilo de los que hice en 2009 y 2015. Mi tercer y último «plan de carrera», que esta vez abarca desde 2023 a 2029.

Durante la presentación, puse encima de la mesa todos los temas que tenemos en marcha en este momento, un total de dieciséis grandes líneas de actuación que quiero desarrollar en los próximos años. No las repasaré todas aquí, por supuesto, primero porque sería aburrido y segundo porque en el mundo de los negocios hay que ir con cuidado con la información que haces pública, ya que alguien —competencia, inversores, etcétera— puede usarla en su provecho y en tu perjuicio. Sí quiero referirme a las más importantes, ya que estamos llegando al final del libro y, después de explicar el pasado y el presente, quiero dejar por escrito lo que espero del futuro. Siempre, por supuesto, entendiendo y aceptando que la realidad está en evolución permanente y que los objetivos pueden ir variando en función de las circunstancias. Vivimos en una época en que todo puede cambiar radicalmente de un día para otro, como desgraciadamente hemos vivido durante la pandemia de la COVID-19, pero al menos hay que tener una dirección, un camino por el que avanzar. Si luego hay que tomar un desvío o un atajo, se toma. Ser flexible en estos tiempos es básico para sobrevivir.

Una de las principales líneas estratégicas consiste en potenciar la venta a través de tiendas dispensadoras. Lo que ahora se conoce como *vending* está evolucionando y veo claro que el siguiente paso es acercar más los productos al consu-

midor y hacerlo con calidad. Ya no basta con llevarle el jamón a su casa —*delivery*—, ahora hay que ponérselo cerca
para que lo consuma fácilmente siempre que quiera y donde quiera. Y la mejor forma de hacerlo son las tiendas dispensadoras, siempre y cuando, claro, seas capaz de ofrecer
una buena calidad. Y nosotros lo somos.

Vamos a poner tiendas dispensadoras por todas partes.
Hemos empezado a hacerlo en los aeropuertos. Hace unos
meses ganamos un concurso de AENA para instalar 177 máquinas expendedoras y ya hemos instalado las primeras. No
nos hacemos la competencia a nosotros mismos, ya que las
colocamos en lugares muy estudiados. Por ejemplo, la gente
a veces necesita comprar un bocadillo cuando está en la
puerta de embarque y no suele haber restaurantes, lo único
que a veces hay son unas máquinas que venden otras cosas.
Nosotros les vamos a dar la oportunidad de comprarse un
bocadillo de calidad recién hecho, además de sobres de jamón y zumos recién exprimidos.

También tenemos ya algunas tiendas dispensadoras en
campos de fútbol y queremos llegar a todos los estadios de
Primera y Segunda División, como mínimo. Y a las estacio-
nes de metro, de tren, de barco, de autobús, etcétera. ¡Vamos a revolucionar el mundo del *vending*! La gente hasta
ahora tiene la percepción de que este tipo de máquinas sólo
sirven para comprar agua y algunos *snacks*. Pero nosotros
vamos a dar la posibilidad, con nuestras tiendas dispensadoras, de comprar bocadillos de jamón de gran calidad y
recién hechos, como los que se pueden consumir en nuestras barras o nuestros restaurantes, además de una gama de
productos *gourmet*. Se podrán comprar *in situ* o bien con tu

móvil y luego recogerlos en la máquina con un QR. Sin colas ni esperas, en apenas un minuto. Rápido, higiénico y sin
colas.

Y esto es sólo el principio. Estas máquinas se podrán co-
locar también en oficinas, centros comerciales, zonas de
ocio, espacios de conciertos, etcétera. Lo importante es que
la gente podrá elegir: el que prefiera interactuar con una
persona, seguirá teniendo nuestras tiendas y restaurantes;
el que no quiera o no tenga tiempo, tendrá la opción de la
máquina expendedora.

¿Y de qué me preocupo yo? De que el bocadillo sea perfecto. Si tiene más de cuatro horas, te diré que vayas a otra
máquina, por ejemplo. Eso requiere de una logística, por
supuesto, pero tengo claro que este canal tiene un potencial
enorme.

Al final, de lo que se trata siempre es de vender jamón,
de una forma o de otra. Tengo cincuenta y seis años y lo que
hago es eso: sigo vendiendo jamón. Al principio la gente se
lo llevaba entero. Después deshuesado. Después loncheado.
Posteriormente en bocadillo. Después ha venido el «me
lo traes»: a casa, al despacho, etcétera. Y ahora llega el «te lo
acerco a donde estés». Pero yo sigo vendiendo jamón, lo que
cambia es la forma en que el consumidor quiere comprarlo.

El segundo punto del plan 2023-2029 consiste en crecer en
los aeropuertos de todo el mundo con nuestras barras Enrique Tomás. El potencial de crecimiento que tenemos es
brutal, porque hemos comprobado que nuestras barras de
degustación funcionan muy bien en los aeropuertos y factu-

ran muchísimo. La de la T1 de Barcelona marca récords año tras año y la de Sevilla, una de las últimas que hemos abierto, va como un tiro. ¿Y cuántos aeropuertos hay en el mundo con un tráfico mucho mayor que el de Sevilla e incluso que el de Barcelona? Pues muchísimos: Nueva York, Washington, París, Londres, Miami... ¡Todo un mundo por conquistar!

Estamos hablando con varios operadores internacionales para abrir locales en aeropuertos de fuera de España con nuestra enseña, además de otros a pie de calle y en centros comerciales. Esto supondrá crecer mucho en poco tiempo, ya que ahí las obras y la gestión no dependen directamente de mí. Nosotros ponemos el nombre, la experiencia, el saber hacer y, por supuesto, los jamones. Y todo eso lo sabemos hacer muy bien y lo tenemos por la mano.

Con esta línea estratégica daremos un salto enorme en muy poco tiempo. Y no sólo en facturación, también en visibilidad, pues los aeropuertos tienen eso, que te ve muchísima gente cada día. No hay campaña de marketing más potente que eso, como bien sabe Amancio Ortega. Para él, el secreto, como ya lo he comentado al inicio del libro, es *location, location, location* —la ubicación de los locales, su visibilidad—, a lo que yo le sumo marca, marca y marca. Si esto va bien, realmente habré cumplido mi sueño: ponerle nombre al jamón en el mundo.

Más allá de los aeropuertos, el plan también contempla crecer a nivel internacional de la mano de operadores globales, uno para cada país o zona. Eso es lo que ya estamos haciendo, por ejemplo, en Japón. No se trata de franquiciar tienda a tienda, como hice en su momento, sino de aliarme con un operador local que se encargue de todo. Yo no puedo preocuparme de los proveedores, del personal ni del día a día de cada local, sería la muerte, así que tengo que buscar al operador que mejor lo haga en cada zona y trabajar con él. Ésta es una estrategia mucho más realista y viable que la franquicia tradicional, y además permite un crecimiento mucho mayor.

Otro de los puntos destacados del plan es la entrada en el gran consumo y en locales estratégicos. Nuestra idea es seguir haciendo este tipo de apuestas. Lo que no haremos será vender en grandes cadenas que no nos permitan controlar la correcta distribución del producto. Ése es, en gran parte, el secreto de nuestro éxito: asegurarnos de que nunca se pone en riesgo la calidad del jamón y que, por tanto, no se devalúa la experiencia de disfrutarlo. Ya lo he escrito y vuelvo a hacerlo: el jamón no va de quitar el hambre, sino de disfrutar. Y para eso no se puede jugar con su calidad ni con su precio.

Sin ánimo de ser exhaustivo, me gustaría acabar enumerando algunos puntos más del plan:

- Aumentar nuestra presencia en hoteles en los diferentes formatos que he explicado unos capítulos atrás. Todavía tenemos mucho recorrido en España, y sobre todo fuera.
- Posicionarnos como la empresa número uno de España en lotes de empresa que lleven jamón. En nuestro país sigue siendo habitual regalar lotes de productos para Navidad.

- Aumentar nuestra presencia en bodas y ferias. En España se celebran miles de bodas al año y cientos de ferias. Y si algo no debe faltar en una boda o en una feria es un buen jamón. Esto, más allá de la facturación que nos pueda aportar al conjunto de la empresa, es una forma también de seguir construyendo marca y consolidándola, pues en esos entornos la gente está predispuesta a la celebración y asocian el jamón a sus momentos felices. De hecho, he propuesto a Rosa Clará, que es amiga, hacer una campaña con un eslogan parecido a éste: «En las bodas sólo hay dos cosas importantes para la novia: su vestido y el jamón». El vestido, por supuesto, de Rosa Clará, y el jamón, de Enrique Tomás.

Al final, como se puede ver, todo pasa por vender, en mi caso jamón, que es el corazón de mi negocio. Pero también por fomentar la cultura del jamón y por llevarlo a todo el mundo, porque una cosa sin la otra no funciona. No puedes vender tu producto si la gente no lo conoce y no lo sabe apreciar.

Llevamos más de cuarenta años batallando para levantar el negocio. Hemos pasado por unas cuantas crisis, la última la de la COVID-19, que estuvo a punto de hundirnos. Pero aquí seguimos, más fuertes que nunca. Dicen que lo que no te mata te fortalece, y debe de ser cierto, porque después de esos momentos críticos volvemos a estar más fuertes que nunca. Por supuesto, no es sólo mérito mío, sino de un grupo de gente maravillosa que ha luchado conmigo hombro con hombro en los peores momentos y que siempre ha buscado cómo mejorar. Si algún mérito se me puede atribuir es el de haber reunido a un grupo de trabajo entregado alrededor de un proyecto con sentido, un proyecto de empresa que ha logrado superar la imagen rancia que rodeaba al jamón y que ahora se proyecta con modernidad y nuevas ideas hacia el futuro.

El jamón sigue siendo nuestro eje. Es un producto en el que creemos y que nos sigue apasionando, por eso no dejamos de buscar maneras de llevarlo a todos los rincones del mundo. Cada día estamos en más sitios y nos hacemos más grandes, en todos los sentidos. Y no es porque yo tenga necesidad de crecer, sino porque me hace ilusión crecer. Cuanto más crezcamos, a más gente podremos ayudar, empezando por nuestros trabajadores. En el momento de escribir esto tenemos 1.100 puestos directos y unos 400 indirectos. Y tenemos una veintena de locales en obras que cuando se abran supondrán la incorporación de unas doscientas personas más. La familia Enrique Tomás aumenta cada día.

No es que de pronto me hayan entrado las prisas por crecer. Las cosas vienen cuando vienen. De no haber sido por la pandemia, que puso un tapón a todos los nuevos proyectos, seguramente habríamos crecido antes, pero está bien como está. Ahora se ha acelerado todo y siento que es el momento. Trabajo mucho, pero también lo estoy disfrutando. Lo que no haré es pedir perdón por ir rápido. Llevo toda la vida trabajando para esto.

No quiero entrar a hablar de cifras que seguramente aburrirían pero sí daré un dato: si todo va bien, en 2023 facturaremos el doble que en 2022, que ya fue un buen año para nosotros. Creo que eso tiene su mérito. No estamos hablando de crecer un 5 por ciento anual, ni un 10 por ciento, sino un cien por cien. Y en los años siguientes, todavía creceremos más. Al menos yo trabajo con esa previsión.

Estamos, por fin, en Primera División. En la primera división del jamón, claro, que no es como hablar de compañías petroleras o de bancos, pero que es lo máximo a lo que podemos aspirar en nuestro sector. Pero nos queda mucho por hacer. Vamos a llevar el jamón a donde no lo ha llevado nadie.

¿Y qué pasará cuando llegue 2030 y se acabe ese «plan de carrera» del que acabo de hablar? Pues que daré un paso al lado y dejaré la compañía en manos de mis hijos —si ellos quieren seguir—, o de quien en aquel momento esté más preparado para tomar las riendas. Yo, Enrique Tomás Ruiz, después de una vida dedicada al negocio del jamón, daré un paso a un lado y pasaré de ser director general a presidente. Seguiré haciendo negocios y conectando a buenas personas con otras buenas personas para que los hagan, porque es algo con lo que disfruto. Algo que no pienso dejar de hacer hasta el final de mis días, si Dios quiere.

Epílogo

Ayer, 3 de junio de 2023, mi hija Núria celebró por segunda vez su boda. La primera, la boda civil que tuvo lugar en octubre de 2020, estuvo condicionada por la pandemia, por lo que ella y su marido, Agus, decidieron hacer una segunda celebración, ésta ya a lo grande. Tres años y dos hijos después, renovaron sus votos y compartieron su felicidad con la familia y los amigos.

Durante la celebración, recordé en algún momento aquella primera boda y cómo estaba yo entonces. ¡Qué diferencia en mi estado de ánimo! En 2020 estaba casi hundido porque pensaba que la empresa se iba a pique. Y encima intentaba disimular para no estropearle el día a Núria y a los demás. Ayer, en cambio, estaba eufórico y no cabía de gozo mientras acompañaba a mi hija en el coche de caballos y la veía tan guapa y tan feliz.

Hoy, domingo 4 de junio, mientras escribo estas últimas páginas, recuerdo con una sonrisa el día de ayer. Me siento bien, feliz, ilusionado. Están sucediendo muchas cosas en mi vida y casi todas buenas. Son tantas que podría no acabar nunca este libro, pues sólo con lo que vivo cada semana daría para un nuevo capítulo: las personas nuevas que conozco, los mundos nuevos que se abren, las oportunidades que surgen... Pero en algún momento hay que acabar el libro, y creo que éste es un buen momento.

Estoy muy orgulloso de lo que hemos conseguido hasta hoy todos los que formamos Enrique Tomás, y estoy seguro de que en los próximos años vamos a conseguir mucho más. Pero lo más importante para mí sigue siendo lo mismo que al principio: mi familia, mis amigos, mi gente. En el momento de escribir esto, están todos bien y reina la armonía. Por eso, mientras escribo toco una vez más la piedra del agradecimiento y me recuerdo lo afortunado que soy.

Ya lo he dicho y lo repito: mi objetivo en la vida no es ser rico, mi objetivo es ser lo más feliz posible durante el mayor tiempo posible y compartir esa felicidad con el mayor número de personas posible. A lo largo de los más de cuarenta años que han pasado desde que empecé a construir mi sueño, he coleccionado aciertos y errores, como todo hijo de vecino. Entre los aciertos, seguramente el más notable fue el de apostar por los aeropuertos en 2020, cuando nadie daba un duro por su futuro debido a la incertidumbre del momento. En los medios de comunicación se decía que el mundo iba a cambiar, que la gente ya no iba a volar y que las relaciones de trabajo iban a ser por videoconferencia. Tomé la decisión de tirar fuerte por ahí porque tenía confianza en la recuperación, pero ni siquiera AENA pensaba que el tráfico aéreo se recuperaría tan rápido. Algunos hablaban de que la recuperación llegaría en 2025, sin embargo terminamos 2022 con cifras similares a las de 2019. Y para 2023 las compañías ya han comprado más espacios que nunca. Ahora podría decir: «Fíjense, señores, qué listo soy». Pero sería un impostor si lo hiciera. Quiero decir la verdad. Y la verdad es que, igual que acerté, podía haber fallado.

Lo he dicho varias veces a lo largo del libro, pero permíteme que insista, porque creo que éste es el principal mensaje que me gustaría que llegara a los lectores: cualquier trayectoria está llena de aciertos y errores. Pensando en mis errores, me vienen al menos tres a la cabeza. Por ejemplo, me costó mucho cerrar la quinta tienda que abrí. Iba mal, pero había metido mucho dinero en ella y me resistía a aceptar que lo iba a perder. Y, lo peor de todo, había ligado mi ego a esa tienda. Era como si, con el cierre, muriera una parte de mí.

El segundo, y muy grande, fue darle la franquicia en Italia a quien no tocaba. Me neutralizó el país durante cinco años. Y en México cometí otro error enorme: en lugar de buscar una empresa potente que liderara la expansión en ese país, me asocié con pequeños franquiciados. Se me llenó de personas con dinero a las que les hacía gracia tener un restaurante español, pero que no eran profesionales de la restauración ni estaban al pie del cañón, con lo que perdíamos todos.

El tercer error, quizás el peor de todos, fue querer crecer con un modelo de franquicias. Me llegué a plantear el objetivo de abrir... ¡Quinientas franquicias! Y monté una infraestructura enorme pensando que en poco tiempo íbamos a crecer una barbaridad. Pero cuando iba por la tienda treinta y tantos vi que aquél no era el modelo adecuado para un negocio como el mío y, agotado, me dije: «Para, Enrique, para, que te matas». ¿Cómo franquiciar, que es lo más parecido a replicar al milímetro, si no hay dos jamones iguales?

Podría escribir, y no descarto hacerlo, un libro dedicado sólo a los muchos errores que he cometido. Lo que cuenta es que los aciertos superen a los errores. Así de simple.

Como decía en la introducción, el principal mensaje de este libro y de esta historia es que la línea entre el acierto y el error, entre ser un *crack* y hacer crac, es muy fina. Que ni los que triunfan son tan listos ni los que fracasan tan tontos. Que todos cometemos un millón de errores antes de tener algún acierto.

Lo que más me llena de la situación actual es que puedo seguir adelante con mi sueño. Si mi empresa vale mucho, podré ayudar a mucha más gente, empezando por mi familia, siguiendo por mis empleados —muchos de los cuales también son familia para mí— y acabando por los más necesitados de la sociedad, aquellos que ni siquiera tienen para comer o que no tienen un techo bajo el que cobijarse. Lo único que quiero es salud para los míos y que no les falte de nada. A partir de aquí, cuanto más dinero sea capaz de generar, a más gente podré ayudar.

Acabo estas líneas un domingo en casa mientras escucho, por el hueco de la puerta entreabierta del despacho, cómo Eric juguetea en el comedor y Eli le habla con dulzura. Quiero construir un buen futuro para ellos, y para Núria, Albert, sus parejas y mis nietos, Apolo y Edu. Y eso es lo que voy a seguir haciendo.

Bonus track

El reto

Este último capítulo es una especie de juego o de reto. Me explicaré.

Releyendo el libro durante los últimos días de octubre de 2023, mientras pulo y trato de no repetirme en exceso, he llegado a la conclusión de que falta algo. Los acontecimientos se suceden a una velocidad de vértigo y no hay día en que no se abra un camino nuevo de oportunidades o suceda un encuentro reseñable. De hecho, desde junio, cuando acabé el último borrador del libro, hasta hoy han pasado unos meses estratosféricos. Entre muchas cosas, destaca el viaje que hice al Vaticano, junto con sor Lucía Caram, Pasión Vega, Cristina Cubero y dos personas de la Fundación Santa Clara, Gloria y Gabriel, para explicarle al papa Francisco el proyecto de organizar una gala benéfica el 12 de diciembre de 2023 en la Sagrada Familia de Barcelona. El objetivo es ayudar a sor Lucía en la construcción de un hospital en Ucrania. La gala, en forma de misa criolla, tendrá lugar en un espacio único, la Sagrada Familia de Barcelona, y en ella intervendrán, entre otros, Pasión Vega y David Bisbal. La audiencia con el papa Francisco ha sido para mí un sueño hecho realidad.

Más allá de las novedades, que se suceden día a día y que no cabrían en otro libro entero, quiero insistir en una idea que flota por todo el libro y que me gustaría aterrizar aquí: que ser empresario es tomar decisiones y asumir riesgos, y que uno nunca sabe si la decisión que ha tomado es una idiotez o una genialidad hasta que pasa un tiempo y se ve el resultado. Las quinielas se hacen los viernes, no los lunes. ¡Y ahí está la gracia!

En esa toma de decisiones hay miedo, por supuesto. El miedo es un compañero indeseado para todo ser humano, y en el caso de este tendero-emprendedor-empresario es su copiloto. Hay que aprender a convivir con el miedo, pues si te empeñas en eliminarlo, mutará y volverá a aparecer con otra cara. Cuando solventas un problema se va el miedo, pero al cabo de poco aparece otro. La única forma de gestionarlo es aceptarlo como copiloto y no dejar que te frene. Tienes que hacer tus apuestas y tratar de llevar a cabo tus ideas. Por cierto, las ideas son sólo eso, ideas. Son la base, nada más. La ejecución es lo que determinará el resultado, por eso es tan importante tener un buen equipo de operaciones como el que tengo yo (¡vamos, equipo!).

Me gustaría, para rematar el libro, compartir contigo algunas de las últimas ideas que hemos tenido y de las últimas decisiones que hemos tomado en Enrique Tomás, e invitarte a un juego/reto: tratar de adivinar si serán una idiotez o una genialidad. Te animo a que hagas tu propia quiniela y compruebes de aquí a algún tiempo cuál ha sido el resultado. Yo, como tú, tampoco lo sé todavía.

Tomasón

Posicionar nuestro particular *hot dog* en el mundo y lograr que este bocadillo increíble guste globalmente tanto a niños como a padres y madres. Más aún, que se convierta en un referente a nivel mundial como lo son actualmente los famosos perritos calientes neoyorquinos. ¡Ahí es nada! Ésta es, sin duda, LA APUESTA.

Cobrandings

Lograr que el caldo de pollo Gallina Blanca con jamón Enrique Tomás sea producto del año 2023, tal y como fueron en 2022 las patatas de jamón de Frit Ravich. Y, siguiendo con los *cobrandings*, lanzar el turrón Vicens de chocolate con jamón ET y las aceitunas La Española rellenas de jamón ET. E introducir en los mercados *gourmet* de todo el mundo las croquetas de jamón ET del chef Nandu Jubany (si no las has probado, ¡no sabes lo que te pierdes!). Y más aún: lanzar internacionalmente un cruasán con jamón ibérico con Baker&Baker para que compita de tú a tú con productos de alta bollería. En total son catorce los *cobrandings* que tenemos actualmente en pleno I+D.

Jamón país

Potenciar la cultura de la dehesa extensiva, el cerdo ibérico, el arte de hacer jamón, el cante, el baile y la moda flamenca tanto en nuestro país, donde mucha gente todavía no la conoce, como a nivel internacional. Lo haremos organizando viajes a distintas regiones de la geografía ibérica.

Latin Grammy en Sevilla

Vamos a ser muchísimo más que un espónsor oficial: ¡seremos protagonistas! El jamón tendrá su Grammy, aunque sea figurado. ¡Y además en Sevilla! Porque Sevilla y jamón son inseparables. O, como dice mi compañera y responsable de Enrique Tomás en Andalucía, Ana Nievas: «Sevilla y jamón. ¿Perdona?».

Gira de David Bisbal por España y Latinoamérica

Con la ayuda de David vamos a conseguir que todo aquel que vaya a uno de sus conciertos, tanto en España como en Iberoamérica, se coma un buen bocata de jamón. ¿Lo conseguiremos? Se admiten apuestas.

Fútbol y deportes en general

En la misma línea, vamos a conseguir que no se entienda un acontecimiento deportivo sin un bocata de Enrique Tomás. Para ello, cuento con la ayuda de alguien especial, Cristina Cubero, subdirectora de *Mundo Deportivo*, habitual en programas como «El Chiringuito», de mi amigo Josep Pedrerol, y gran conocedora del deporte en España.

Copa América

Justo en el momento de escribir estas últimas líneas del libro hemos cerrado un acuerdo para estar presentes en las pruebas de la Copa América que se disputarán en septiembre en Vilanova i la Geltrú, preámbulo del gran acontecimiento que tendrá lugar en 2024.

Badalona en el mundo

Por último, pero no menos importante, queremos lograr que el mundo entero descubra la cultura de Badalona: su gastronomía, tanto la alta como la popular, su música, su cine, su deporte, etcétera. La antigua Baetulo, ciudad importantísima en la Roma clásica, se merece volver a ser un lugar de referencia a nivel mundial.

Podría seguir con más ideas/retos, pues en tantos años de camino son muchas las horas que he dedicado a soñar todo lo que me gustaría hacer. Por cierto, todos estos proyectos necesitan personas. ¿Te apuntas?

Nada más. Gracias por acompañarme hasta aquí y leer sobre mi vida y mis locuras. Soy consciente de lo inconsciente que soy a veces, pero no seré yo quien ponga límite a mis sueños.

P. D.: Cuando le preguntan a Clint Eastwood cómo lo hace para mantenerse tan activo a sus noventa años, explica que cuando viene a verlo «el viejo» no lo deja entrar. Yo tampoco pienso dejarlo.

Impreso en Black Print CPI
C/Torrebovera, s/n (esquina c/Sevilla), nave 1
08740 Sant Andreu de la Barca - Barcelona